MHK 轻松过

听力理解教程

李铭起　刘冰冰　主编
李铭起　刘冰冰　刘颖　杨振君　编著

三级

北京语言大学出版社
BEIJING LANGUAGE AND CULTURE
UNIVERSITY PRESS

© 2022 北京语言大学出版社，社图号 22053

图书在版编目（CIP）数据

MHK 轻松过. 听力理解教程：三级 ／ 李铭起，刘冰冰主编；李铭起等编著. -- 北京：北京语言大学出版社，2022.6（2024.6重印）
ISBN 978-7-5619-6114-8

Ⅰ.①M… Ⅱ.①李… ②刘… Ⅲ.①汉语－听说教学－少数民族教育－水平考试－自学参考资料 Ⅳ.①H193.2

中国版本图书馆 CIP 数据核字（2022）第 095621 号

MHK 轻松过 听力理解教程（三级）
MHK QINGSONG GUO TINGLI LIJIE JIAOCHENG (SAN JI)

排版制作：	北京创艺涵文化发展有限公司
责任印制：	邝 天

出版发行：	北京语言大学出版社
社　　址：	北京市海淀区学院路 15 号，100083
网　　址：	www.blcup.com
电子信箱：	service@blcup.com
电　　话：	编 辑 部 8610-82303390
	国内发行 8610-82303650/3591/3648
	海外发行 8610-82303365/3080/3668
	北语书店 8610-82303653
	网购咨询 8610-82303908
印　　刷：	北京鑫丰华彩印有限公司

版　次：	2022 年 6 月第 1 版	印　次：	2024 年 6 月第 6 次印刷
开　本：	889 毫米 × 1194 毫米 1/16	印　张：	16.25
字　数：	290 千字		
定　价：	44.00 元		

PRINTED IN CHINA

凡有印装质量问题，本社负责调换。QQ：1367565611，电话：010-82303590。

前言

自2002年出版第一本MHK图书——《MHK大纲（三级）》以来，伴随着MHK考试推行范围的扩大，北京语言大学出版社（以下简称"北语社"）的MHK图书出版也走过了近二十年的历程。其间，北语社一系列MHK图书帮助一届届学子顺利通过了考试，提高了国家通用语言文字水平。

社会的发展日新月异，新事物、新理念层出不穷，北语社与时俱进，依据考试大纲，推出了大型MHK图书系列——"MHK轻松过"系列。本系列图书体系清晰，品类齐全：既有依据新教学理念编写的考教结合类教材，又有高质量的试卷合辑；既有对考生宏观的考试指导，又有微观的试题解析。可以说，本系列图书满足了考生各方面的需求。

"MHK轻松过"系列图书架构

级别	考试教程				分项分类练习	附答案详解的模拟试题	模拟试卷合辑*
一级	听力理解教程	阅读理解教程	书面表达教程	口语考试教程	全项一本通	模拟试题及详解	模拟题集
二级	听力理解教程	阅读理解教程	书面表达教程	口语考试教程	全项一本通	模拟试题及详解	模拟题集
三级	听力理解教程	阅读理解教程	书面表达教程	口语考试教程	全项一本通	模拟试题及详解	模拟题集
四级	听力理解教程	阅读理解教程	书面表达教程	口语考试教程	全项一本通	模拟试题及详解	模拟题集

* 每个级别的模拟试卷合辑均有多册，按1、2、3、4排序。

"MHK轻松过"系列特色

❶ 试题命制科学，语料来源广泛

本系列图书以考试大纲为编写的基本依据。试题严谨科学，涵盖了大纲中的考点，全面覆盖大纲中的词汇。语料来源广泛，取材于各类图书、网络资料等；语料题材多样，既保证选材的广泛性，又注意贴近考生的日常学习生活及社会交往活动。

❷ 灵活搭配，自由组合，全方位提升

本系列每个级别都包含四类图书，一类一功能，互为补充。考生可以按照图书功能依次使用各册图书，也可以根据自己的语言水平灵活选用。可先使用考试教程，夯实基础；然后进行分项分类练习，逐项巩固；最后使用模拟题集熟悉考试流程，为正式考试做准备。也可以直接使用附答案详解的模拟试题或模拟试卷合辑，先进行考前演练，从中找差距，再针对自己的弱项使用考试教程进行提升。总之，灵活选用本系列图书，可全方位提升考生的应考能力和语言水平。

❸ 好教，好用，配套齐全

本系列图书作者在深入研究考试大纲的基础上，逐个分析考点，逐条讲练应试策略，力求有用、适用、好用。其中配有录音的分册，考生扫描二维码可随时听配套录音。考试教程配有课件，供教师教学时参考。

本册体例、特点与使用建议

❶ 本册体例

本册依据《MHK大纲（三级）》及MHK（三级）听力理解分测验的题型设计了八个单元。第一单元为"认识MHK（三级）听力理解"，包括"听力理解介绍"和"摸底检测"两节。第八单元为"计时训练"，由四套MHK听力理解模拟试题构成。其余六个单元均按主题编排，其主要结构如下：

1. 方法与策略：指导考生如何进行听力理解训练。

2. 知识库：提供常用的相关词语或表达。

3. 专项训练：每单元第一～三节，每节10题，1～5题为5个短对话，6～10题为1段长对话和1段简短讲话，题后即为答案与"即练即讲"解析。

4. 单元测试：每单元第四节，共20题，1～10题为10个短对话，11～20题为2段长对话和2段简短讲话，答案与详细解析放在书后的"录音材料、答案与解析"部分。

❷ 本册特点

1. 主题突出，结构合理，针对性强。

各单元按主题编排，各节为分主题，涉及情景，话题，人物关系、身份、职业，语气与态度，推理，口语格式、惯用语与熟语等听力测试难点，具有较强的针对性和典型性。

2. 讲解详细具体，逻辑性和示范性强。

本册努力从考生角度解题，且在讲解时适当穿插例题，增强说服力，有助于考生理解，部分例题选自《MHK大纲（三级）》，具有权威性和代表性。

3. 设计兼顾系统性和知识性。

各单元的"方法与策略""知识库"与各节内容密切结合，重点突出，以培养考生准确捕捉关键词语的能力，使其具备快速抓住录音中出现的时间、地点、人称、顺序、因果关系等方面"标识语"的能力，并根据上下文推测出说话者的目的和意图。

4. 试题命制规范、科学。

试题命制依据《MHK大纲（三级）》及其命题规范，语料涵盖范围广泛，题材、体裁丰富多样，且贴合考生日常学习和生活，题干和选项设置严谨、合理。

5. 好教易学。

本册系板块式结构，各部分条理清晰，可伸缩性大，易于教师课堂教学使用，也方便考生备考自学。知识库、摸底检测、单元测试、计时训练等内容，教师和考生可根据需要灵活使用。

❸ 本册使用建议

本册适用于教师对考生进行MHK（三级）听力理解分测验的考前强化教学，也适合相应水平的考生自学使用。

使用本册时，请仔细阅读、了解MHK（三级）听力理解分测验所规定的考试范围、要求及试卷结构等内容，对照本册相关单元主题，确定教学或学习的重点、难点，有的放矢地进行专项训练。

第一单元第一节为MHK（三级）听力理解分测验的简介，使考生对该考试有个总体了解。第二节为"摸底检测"，建议考生按照MHK（三级）听力理解分测验的考试要求进行模拟测试，以便对自己当前的听力水平有个准确的把握。

第二～七单元中，每单元前面的"方法与策略"是该单元的重点所在，其后的"知识库"提供该单元主题常用的相关词语或表达，听录音前，可先学习或复习这两部分的内容。第一～三节均为针对性的练习和讲解，题后提供答案与"即练即讲"解析，以便教师在课上进行当堂练习和讲解，或考生自主学习使用；第四节则是该单元的总结性操练，答案与详细解析放在书后的"录音材料、答案与解析"部分，以便考生学完该单元后进行综合检测，考查其对该单元内容的掌握情况，这部分可用于课堂检测，也可用于考生自测。

第八单元为4套MHK（三级）听力理解模拟试题，目的是使考生熟悉并习惯该考试，并对自己前期的学习成果进行检测。

建议按照MHK（三级）听力理解分测验的考试方式（包括时间限定）处理每节的试题，然后对照相应的解析弄明白每题之所以会选择该选项的缘由，开阔解题思路。如果对某题的选项非常明了，可略过该题的解析部分。

录音材料、答案和解析仅供课后复习使用，请勿提前翻看。

考生需注意听完第一遍录音后做题的准确率。如果听完第三遍录音仍不能确定某题的答案，可对照着录音文本再听一遍录音。

需要说明的是，全书长对话和简短讲话的录音材料字数为250～400字，而实际考试时，长对话和简短讲话的字数一般为250～320字。之所以这样设计与编排，是因为"取乎其上，得乎其中；取乎其中，得乎其下；取乎其下，则无所得矣"。我们希望在平时训练中努力做到高标准、严要求，这样在实际考试中考生遇到各种不利因素时才能从容应对，并顺利、轻松地通过考试，取得佳绩。

尽管本书的编者均为教学第一线从业多年的资深教师，尽管我们努力追求完美，但限于编者水平，错误或不足之处在所难免，敬请各位专家和使用者批评指正。

在本系列图书的编写过程中，我们从国内出版的各种报纸、杂志以及网络上选用了一些语料，并对语料做了适当改写，在此，我们向原作者表示诚挚的感谢。由于种种客观原因，目前我们无法与所有语料的原作者一一取得联系，希望原作者看到本系列图书后尽快与我们联系，我们将按照有关规定支付稿酬。

最后，希望本系列图书给广大考生带来新颖的理念、便捷的体验、立竿见影的实效。祝愿广大考生使用本系列图书后，在MHK考试中都取得理想的成绩，切实提高国家通用语言文字水平。

目录

第一单元　认识 MHK（三级）听力理解　001
　　第一节　听力理解介绍　002
　　第二节　摸底检测　004

第二单元　情景判断　009
　　第一节　生活情景　014
　　第二节　工作情景　018
　　第三节　特殊场所　022
　　第四节　单元测试　026

第三单元　话题判断　029
　　第一节　话题内容　035
　　第二节　话题态度　039
　　第三节　话题对象　043
　　第四节　单元测试　047

第四单元　人物关系、身份、职业判断　051
　　第一节　人物关系　055
　　第二节　人物身份　058
　　第三节　人物职业　061
　　第四节　单元测试　065

第五单元　语气与态度判断　069
　　第一节　语气与态度（一）　073
　　第二节　语气与态度（二）　077
　　第三节　语气与态度（三）　081
　　第四节　单元测试　085

第六单元	推理判断	**089**
	第一节　关系推理	093
	第二节　信息推理	097
	第三节　综合推理	101
	第四节　单元测试	105

第七单元	口语格式、惯用语与熟语的理解	**109**
	第一节　口语格式	113
	第二节　惯用语	117
	第三节　其他熟语	121
	第四节　单元测试	125

第八单元	计时训练	**129**
	听力理解模拟试题（一）	130
	听力理解模拟试题（二）	135
	听力理解模拟试题（三）	140
	听力理解模拟试题（四）	145

录音材料、答案与解析		**151**

第一单元

认识 MHK（三级）听力理解

第一节　听力理解介绍

试卷说明

MHK（三级）听力理解分测验主要考查考生获取口头信息的能力。录音材料采用标准的普通话朗读，语速为每分钟180～220字。试题都是客观选择题，每道题考生需要从四个备选答案中选出最恰当的一个。题型、题量、分值及考试时长如下表所示：

表1-1　MHK（三级）听力理解分测验基本情况

	题型		题量	分值	考试时长
听力理解	第一部分	短对话	15	100	约30分钟
	第二部分	长对话	25		
		简短讲话			

MHK（三级）听力理解分测验由两部分试题组成，共40题。

第一部分（15题）：这部分都是男女两个人的短对话，即单轮对话，每段对话后由第三个人根据对话提出一个问题。每听完一个问题，考生应在试卷上所提供的四个选项中选择最恰当的答案，然后在答题卡上找到相应的题号并在代表所选答案的字母上画一横道。每段对话只读一遍，每个问题后有17秒的答题时间。

第二部分（25题）：这部分包含两种题型：一种是两个人的长对话，即多轮对话，通常有3段，每段对话有4～5个话轮，然后由第三个人根据对话提出2～4个问题；另一种是一个人的简短讲话，通常有4段，每段讲话一般有250～320字，然后由另一个人提出3～4个问题。每听完一个问题，考生应在试卷上所提供的四个选项中选择最恰当的答案，然后在答题卡上找到相应的题号并在代表所选答案的字母上画一横道。每段对话或讲话只读一遍，每个问题后有17秒的答题时间。

考试要求

MHK（三级）听力理解分测验主要考查考生在生活、学习、工作和社会交往过程中对一般性交谈与讲话的听力理解能力，考查考生能否听懂正常语速的对话和讲话，包括所学大学基础课程的内容，广播、电视中的时事新闻、专题节目和娱乐节目，日常生活和社会交往中常用的熟语、俗语。

具体要求有：

1. 能领会理解对话或讲话的基本大意或内容要点；

2. 能跨越一般性语言、文化知识等障碍，获取所听语料的主要事实、关键信息和重要细节；

3. 能根据所听语料迅速做出正确辨别、判断和推理；

4. 能领会和把握说话人的倾向、态度、语气和情绪。

从考题内容看，考生平时应多锻炼这些能力：

1. 理解、领会、归纳材料的内容要点、大意和主旨思想；

2. 积累常用熟语、俗语，听懂主要事实和具体信息等细节，抓住核心词语，提炼关键信息；

3. 根据材料内容判断或推理涉及的情景、话题、人物身份关系及其他信息；

4. 较准确地判断出说话人的语气和态度。

考试流程

MHK（三级）听力理解分测验的基本流程是：

录音开始播放，考生听到答题说明

↓

考生听到第一段听力材料及后面的问题

↓

考生在试卷上标出正确答案

↓

考生听到第二段听力材料及后面的问题

↓

考生在试卷上标出正确答案

↓

……

↓

考生听到"听力理解考试到此结束"后，将所有答案誊到答题卡上

第二节　摸底检测

扫一扫，听录音

第一部分

说明：1～15题，这部分试题都是两个人的简短对话，第三个人根据对话提出一个问题，请你在四个备选答案中选出唯一恰当的答案。

例如：第8题，你听到：

第一个人说：……

第二个人说：……

第三个人问：……

你在试卷上看到四个答案：

A 衬衫　　B 毛衣　　C 裤子　　D 鞋子

根据对话，第8题唯一恰当的答案是C，你应该在答题卡上找到号码8，在字母C上画一横道。横道一定要画得粗一些，重一些。

8 [A]　　　[B]　　　■　　　[D]

1. A 街上
   B 饭店
   C 咖啡馆
   D 电影院门口

2. A 很漂亮
   B 不知怎么穿
   C 穿上不舒服
   D 跟自己闹别扭

3. A 失眠了
   B 生病了
   C 睡晚了
   D 迟到了

4. A 大夫
   B 教师
   C 教练
   D 司机

5. A 朋友
   B 夫妻
   C 同学
   D 同事

6. A 女的在造谣
   B 他能力很强
   C 他没有承包
   D 他想知道谁造谣

7. A 茶馆
   B 宾馆
   C 剧院
   D 车站

8. A 帮帮小杨
   B 辞退小杨
   C 劝劝小杨
   D 安慰小杨

9. A 鞋很好看
   B 鞋不便宜
   C 把鞋退掉
   D 应该买两双鞋

10. A 王红不会计划
    B 王红常常忘事
    C 同意女的的话
    D 王红没有那么过分

11. A 3:30
    B 4:00
    C 4:30
    D 5:00

12. A 愤怒
    B 惊讶
    C 兴奋
    D 伤心

13. A 爱看电影
    B 在家睡觉
    C 电影很无聊
    D 电影很精彩

14. A 同意
    B 同情
    C 否定
    D 拒绝

15. A 同意买电脑
    B 不买游戏本
    C 觉得距离远
    D 还能再商量

第二部分

说明： 16～40题，这部分试题中，你将听到几段简要的对话或讲话。每段话之后，你将听到几个问题，请你在四个备选答案中选出唯一恰当的答案。

例如： 第25～27题，你听到：

第一个人说：……

第二个人说：……

……

第三个人根据这段对话提出三个问题：

25．问：……

你在试卷上看到四个答案：

A 饭馆　　**B** 邮局　　**C** 商店　　**D** 路口

根据对话，第25题唯一恰当的答案是 **A**，你应该在答题卡上找到号码25，在字母 **A** 上画一横道。横道一定要画得粗一些，重一些。

25 ■　　　[B]　　　[C]　　　[D]

你又听到：

……

27．问：……

你在试卷上看到四个答案：

A 寄信　　**B** 打电话　　**C** 取包裹　　**D** 买报纸

根据对话，第27题唯一恰当的答案是 **D**，你应该在答题卡上找到号码27，在字母 **D** 上画一横道。横道一定要画得粗一些，重一些。

27 [A]　　　[B]　　　[C]　　　■

如果是一段讲话，在播放完讲话后，提出几个问题。

16. **A** 步行
　　B 坐出租车
　　C 骑自行车
　　D 坐公交车

17. **A** 堵车
　　B 开会
　　C 没早走
　　D 打不着车

18. A 周末工作
    B 项目方案
    C 纪念活动
    D 马拉松赛

19. A 公司
    B 家里
    C 饭店
    D 车站

20. A 面对面
    B 打电话
    C 电话留言
    D 网上聊天儿

21. A 拍得不好
    B 时间太晚
    C 没法看懂
    D 都是虚构的

22. A 一条
    B 两条
    C 三条
    D 没提

23. A 已经大学毕业了
    B 在考虑去哪个单位
    C 参加过校园招聘会
    D 还没开始联系工作

24. A 待遇太低
    B 口才不好
    C 性格开朗
    D 环境不好

25. A 收入很高
    B 免费食宿
    C 假期很长
    D 提供培训

26. A 麻烦事多
    B 帮助弱者
    C 请别人帮忙
    D 怕麻烦别人

27. A 帮助过你的人
    B 心地善良的人
    C 你帮助过的人
    D 素不相识的人

28. A 经常帮助他人
    B 不去麻烦别人
    C 主动寻求帮助
    D 成为心理学家

29. A 血液循环
    B 皮肤的收缩、扩张
    C 水对皮肤血管的按摩
    D 皮肤血管的收缩、扩张

30. A 冷水刺激肌肉收缩
    B 空气的密度比水大600多倍
    C 水的密度比空气大600多倍
    D 人体内部的压力大于水的压力

31. A 水的温度只有12℃
    B 游泳时的运动量很大
    C 要在水里停留40分钟
    D 水的导热能力比空气强得多

32. A 减肥
    B 防暑降温
    C 增强食欲
    D 保持身体健康

33. A 买什么东西
    B 怎么去赚钱
    C 不提前买东西
    D 半年前买东西

34. A 市场竞争非常激烈
    B 之前价格定得太高
    C 人们有贪便宜的思想
    D 商家要回收资金、减少库存

35. A 价格高
    B 可供选择的余地小
    C 无法比较品牌优劣
    D 买不到满意的东西

36. A 节约开支
    B 预防疾病
    C 培养耐力
    D 追求时髦

37. A 如何不忽略细节
    B 通过细节评价人
    C 怎么提高竞争力
    D 弥补缺陷的方法

38. A 助学善举
    B 模范修养
    C 注重细节
    D 出身贫寒

39. A 出于怜悯
    B 追求完美
    C 时间过长
    D 保护孩子

40. A 钱多
    B 想获得名誉
    C 怜悯贫困孩子
    D 真心想帮助贫困孩子

第二单元
情景判断

方法与策略

情景判断，重在"情景"。本单元所涉及的情景主要指对话发生的场景、时间、地点，广义上的情景还包括人物身份、人物关系、因果关系及推理等内容，详见后面相关单元。

要准确理解情景对话的内容，首先必须弄清楚对话发生的情景。常言说"看人说话，量体裁衣""到什么山上唱什么歌"，就是说在不同的情景下人们会采用不同的表达方式进行交流，传递信息。

MHK听力测试的情景通常为学生常见的生活情景，这也是MHK测试的真实性所决定的。我们知道，此类情景是有限的，因此其重复率相对较高。此类情景所涉及的内容和对话方式、语言特点、所用词句等较为固定，这是由客观的生活现实所决定的。所以只要我们能够抓住这些固定的内容，就基本上可以准确把握对话的内容了，这也是考生应该掌握的技巧。例如：

男：您好，女士，您想买什么？

女：我今天午饭后感觉肚子不舒服，你们这儿有黄连素吗？

问：对话最可能发生在哪里？

A 花店　　　　　B 药店　　　　　C 文具店　　　　　D 咖啡馆

正确答案是B。本题为日常生活情景题，其关键词为"肚子不舒服""黄连素"，由此即可判断对话发生在药店。

再如：

男：不好意思，请问最多可以借几本书？

女：五本。

问：对话最可能发生在哪里？

A 书店　　　　　B 邮局　　　　　C 图书馆　　　　　D 展览馆

正确答案是C。这段对话的关键词为"借""书"，由此即可判断男的是在向图书管理员询问，因此，对话发生在图书馆。

要想在MHK听力测试中取得理想的成绩，多听多练当然是必不可少的，但对相关知识进行科学合理的分类也是提高学习效率的有效方法。和长对话或简短讲话相比，考生对短对话的关键词和句式应该更敏感，因此，我们对日常生活情景进行了分类，让考生熟悉、掌握各类情景的代表性词语、句式及表达特点，这样就可以把握其规律，从而能够举一反三。常见场景的相关词语可参见本单元"知识库"。

★关于情景判断题的答题方法和策略，有以下几点建议供大家参考：

1. 注意对话或讲话中的人、地方、事件。

情景判断题的对话或讲话一般都暗含着某人在某地做什么事的意思，因此要注意三方面：首先是什么人，其次是在哪儿，最后是干什么。

2. 集中精力，迅速抓住重点。

短对话的句子虽短，但信息量较丰富，须尽快抓住对话的关键词或句式，在此基础上明了对话的全部内容。

3. 平时注意观察生活，留意身边事物。

情景判断题的对话内容、词语、句子一般来源于考生所熟悉的日常生活、工作、学习情景，考生听到关键词应马上跟自己的生活相联系。

4. 在对话中要关注答话人的话。

在对话中，情景判断题的大多数设问点是针对答话人的回答提出的，因此，需要特别关注答话人的话。

5. 快速理清逻辑层次，抓住主要信息。

在进行长对话或简短讲话的情景判断时，由于信息量大，记忆的难度也随之增加，而且针对长对话或简短讲话所设计的题目不仅有情景判断题（情景判断题一般作为基础性问题出现），也可能有推理、人物身份等方面的问题。这就要求我们快速理清逻辑层次，如前后、主次、因果等关系，跨越无关的语言障碍，抓住主要信息，结合相应的情景，做出相关推理、判断。

6. 捕捉与情景有关的时间、地点、人物、原因、结果等信息。

针对长对话或简短讲话所提的问题一般会按照对话或讲话的顺序排列，情景是逻辑基础，因此，我们在听的过程中应着重捕捉与情景有关的时间、地点、人物、原因、结果等信息。

7. 听录音前要先快速浏览选项，预测一下情景。

各组题之前都有提示，如"33～35题是根据下面一段对话"，这提示我们下面听到的会是一段长对话，这时候我们应特别注意对话发生的情景，快速浏览一下选项，以情景为基础，记住相关关键词和句子，结合对话的特点做出选择。

如果是简短讲话，应该注意讲话的特点，并在正确的情景判断基础上完成答案选择。

我们根据选项可预测将要听到的内容和问题。如看到的选项都是表示地点的，我们就可以大致预测这个问题的正确答案应与地点有关，听录音时应该把注意力放在表示地点的词语上，据此迅速判断出说话人是在哪儿说话的。

8. 注意一些固定的词语搭配。

如在谈论球类运动时，"打"对应的是篮球、排球、乒乓球、羽毛球等，而"踢"对应的肯定是

"足球",对话发生的地点一般会是球场。

动词和量词的搭配使用场合也相对比较固定、单一。例如:

今晚散步的时候我不小心被狗<u>咬</u>了<u>一口</u>。

我正走着,有人从后边<u>拍</u>了<u>一下</u>我的肩膀。

另外,在很多情况下,说话人只说出量词,我们就能据此判断名词大概是什么,从而抓住关键词语,如一头牛、一只羊、一匹马、一头驴等。

知识库

表2-1 常见场景相关词语

场景	相关词语
家	客厅 卧室 厨房 餐厅 阳台 卫生间
邮局	寄 包裹 明信片 平邮 EMS 汇款 邮票 信封
理发店	剪 理 吹 洗 烫 染 护理 发型
图书馆	借 还 借书证 期刊 杂志 阅览室
宾馆、酒店	标准间 双人间 单人间 套间 预订 登记 入住 退房 行李寄存
饭馆、饭店、餐馆、餐厅	点(菜) 服务员 菜单 买单 结账 烧 炖 炸 煎 焖
银行	存 取 利息 汇款 贷款 信用卡
商店、商场	买 件 顶 双 柜台 打折 退换 收银台
照相馆	冲/洗 放大 加洗 照片 底片 证件照
医院	手术 探视 家属 挂号 体检 住院 出院 内/外科
飞机、机场	起飞 降落 飞往 航班 候机厅 经济舱 头等舱 商务舱 改签 延误 登机 登机牌 托运 安检
公交车、公交车站	×路车 等车 堵车
火车、火车站	候车室 特快 直快 动车 高铁 餐车 硬座 软座 卧铺 硬卧 软卧 上/中/下铺 一/二等座 商务座 安检
轮船	头/二/三/四等舱 码头 靠岸
海关	签证 护照

续表

场景	相关词语
电影院	上映　开演　演员　导演　情节　功夫　爱情　喜剧　悲剧
剧院	演奏　节目　音响　灯光　吹　拉　弹　独唱　合唱　独奏　合奏　指挥　京剧　杂技　话剧　钢琴　小提琴
电视	观众　节目　新闻　主持人　直播　转播　连续剧　专题片　采访　收看　频道
电台	听众　收听　调频　频道　播音员

第一节 生活情景

第一部分

说明：1～5题，这部分试题都是两个人的简短对话，第三个人根据对话提出一个问题，请你在四个备选答案中选出唯一恰当的答案。

1. A 邮局
   B 机场
   C 火车站
   D 公交车站

2. A 住宿
   B 吃饭
   C 买衣服
   D 买车票

3. A 餐厅
   B 车站
   C 洗衣店
   D 服装店

4. A 男的丢了包
   B 他们要一起回家
   C 女的在机场接人
   D 女的在火车站接人

5. A 挑选衣服
   B 挑选家电
   C 挑选汽车
   D 挑选玩具

第二部分

说明：6～10题，这部分试题中，你将听到一段长对话和一段讲话。每段话之后，你将听到几个问题，请你在四个备选答案中选出唯一恰当的答案。

6. **A** 商店
   B 邻居的家
   C 王教授现在的家
   D 王教授的新房子里

7. **A** 去铺地面了
   B 去买油漆了
   C 去准备会议材料了
   D 去参加学术会议了

8. **A** 油漆店
   B 邻居家
   C 办公室
   D 王教授的新房子里

9. **A** 打猎
   B 游玩
   C 争论
   D 钓鱼

10. **A** 在河边钓鱼
    B 在河边烤鱼
    C 在河里划船
    D 看二人争论

答案

1. A   2. A   3. D   4. D   5. C   6. C   7. B   8. D   9. C   10. A

即练即讲

1. 正确答案是 A。男的提到"寄""快递",只有在邮局或快递公司才能寄快递。因此,选项 A 符合题意。

2. 正确答案是 A。男的和女的都提到"标准间",由此可判断对话发生在宾馆。选项 A"住宿"与宾馆相关性最大;虽然有的宾馆也可以吃饭,但男的问的是"标准间一天多少钱?",与吃饭无关,可排除选项 B;选项 C、D 均与宾馆无关,不符合题意。因此,选项 A 符合题意。

3. 正确答案是 D。本题的干扰内容比较多。对话一开始女的问"洗得掉吗?",在餐厅和洗衣店里都可能会听到这样的话,选项 A 和选项 C 似乎都有关;男的的话里提到了"运输",似乎与选项 B"车站"也有关;但通过他后面说的关键词量词"件",我们可以推断对话跟衣服有关,可排除选项 A、B;再通过女的说的"回家洗得掉吗?"和男的说的"就这一件了",可以判断不是在洗衣店,可排除选项 C。因此,选项 D 符合题意。

4. 正确答案是 D。本题的语意比较隐晦,女的说"你怎么才出来?",说明女的是在外面等男的,她又说"我还以为你坐的不是这趟车呢",通过"这趟车"可知不是在机场,可排除选项 C;男的说"我把一个包落在车上了,又回去取了",说明他的包没有丢,可排除选项 A;对话中只说了"现在走吧",没有提到与"回家"相关的内容,可排除选项 B。因此,选项 D 符合题意。

5. 正确答案是 C。男的提到"车型",说明这段对话与汽车有关。因此,选项 C 符合题意。

6. 正确答案是 C。女的说"快屋里坐",这是典型的主人招呼客人说的话,说明是在女的家里,再通过后面对话的内容可知女的跟王教授是夫妻关系,也就是说对话的地点是在王教授家。这里有两种可能:一种是在王教授现在的家,另一种是在王教授的新房子里。男的说"什么时候搬家说一声,我一定来帮忙",说明王教授还没搬家,那么对话的地点只能是在王教授现在的家。因此,选项 C 符合题意。

7. 正确答案是 B。通过女的说的"他刚来过电话,说去买油漆了"可知,选项 B 符合题意;选项 A 对话中没有提到;女的提到"准备工作还没做完",但"准备会议材料"不是王教授现在正在做的事,可排除选项 C;对话中说"下星期老王还要去参加学术会议",不是现在,可排除选项 D。

8. 正确答案是 D。对话最后男的说"那我去新房子那儿等他吧",由此可以判断男的会在新房子那儿见到王教授,选项 D 符合题意;选项 A 与男的的话不符;选项 B、C 对话中没有提到。

9. 正确答案是 C。听到故事应该先弄清楚时间、地点、人物、事件这四个要素。本题问"干什么",考事件。关键词"争论"在讲话中多次出现,选项 C 符合题意;"打猎""游玩"只是兄弟俩这一次的行为,不是他们常常做的事,选项 A、B 不符合题意;"钓鱼"是老人做的事,不是兄弟俩做的,选项 D 也不符合题意。

10. 正确答案是 A。讲话中提到"他们找到一位在河边钓鱼的老人",选项 A 符合题意;选项 B、C、D 讲话中均没有提到。

第二节 工作情景

扫一扫，听录音

第一部分

说明：1～5题，这部分试题都是两个人的简短对话，第三个人根据对话提出一个问题，请你在四个备选答案中选出唯一恰当的答案。

1. A 书店
   B 邮局
   C 商店
   D 图书馆

2. A 书店
   B 图书馆
   C 音像店
   D 文化用品店

3. A 清晨
   B 中午
   C 下午
   D 晚上

4. A 广播里
   B 电视里
   C 电话里
   D 商场里

5. A 考场
   B 学校
   C 电视台
   D 广播电台

第二部分

说明： 6～10题，这部分试题中，你将听到一段长对话和一段讲话。每段话之后，你将听到几个问题，请你在四个备选答案中选出唯一恰当的答案。

6. A 游泳馆
   B 电话中
   C 办公室
   D 直播间

7. A 是奥运冠军
   B 要参加比赛
   C 现在是记者
   D 来采访男的

8. A 机场
   B 电视上
   C 广播里
   D 学校里

9. A 主持人提问时
   B 看到小男孩儿时
   C 小男孩儿说跳伞时
   D 小男孩儿哭的时候

10. A 观众笑的时候
    B 听完了他的话
    C 猜测他说的内容
    D 只听了他一半的话

答案

1. D   2. A   3. D   4. B   5. B   6. D   7. C   8. B   9. C   10. B

即练即讲

1. 正确答案是 D。男的提到"借""杂志",女的提到"期刊",跟书有关,可排除无关的选项 C "商店";"借"说明说话人不在书店或邮局,在书店或邮局应该用"买"或"订",可排除选项 A、B;"期刊"是在图书馆常用的词语,而且女的进一步提到"这是我们馆的规定",由此可推断,选项 D 符合题意。

2. 正确答案是 A。两人都提到"下册""上册",说明对话跟书有关。选项 C "音像店"卖的是磁带、光盘等,选项 D "文化用品店"卖的是办公用品、学习用品等,都不卖书,均可排除;女的提到"买",男的提到"卖",因此,选项 B "图书馆"不符合题意,选项 A "书店"符合题意。

3. 正确答案是 D。女的提到"加班",男的提到"万家灯火","万家灯火"的意思是晚上家家户户的灯都亮起来了,此外,女的问男的"加班到很晚吧?",男的回答"可不",表示同意对方的说法,这些都说明男的昨天是晚上才下班的。因此,选项 D 符合题意。

4. 正确答案是 B。男的提到"节目",这个词在广播里、电视里都会用到,但女的提到的"收看"只能用于电视节目,男的说的"观众"也说明《质量监督》是电视节目。因此,选项 B 符合题意。

5. 正确答案是 B。对话中提到了几个干扰词,如"节目""采访"等和电视、广播电台有关,"高考"与考场有关,但都不是对话的地点。男的说"下课以后,我让毕业班的李老师带你们去",由此可知,现在学生正在上课,上课的地点是学校,说明对话发生在学校。因此,选项 B 符合题意。

6. 正确答案是 D。对话一开始男的就说"观众朋友们好,这里是奥运直播间",因此,选项 D 符合题意。

7. 正确答案是 C。这是一道根据对话情景判定人物身份的题。对话中虽然多次提到"奥运",女的也曾参加过奥运会,但对话中并没有说女的是奥运冠军,可排除选项 A;男的说"这次你不是像以前一样参加比赛",可排除选项 B;女的说"这是我第一次以记者的身份来参加奥运会。以记者身份看各国运动员的训练和比赛""我采访了一些运动员、教练、领队",由此可判断选项 C 符合题意;根据对话内容可知,女的是被请来奥运直播间当嘉宾的,不是来采访男的的,选项 D 也可排除。

8. 正确答案是B。"主持人"常出现在电视上、广播里或舞台上,由此可推断故事的地点跟电视、广播有关,再由讲话中间的"现场的观众"可以确定他们是在电视上谈话。因此,选项B符合题意。

9. 正确答案是C。讲话中只有一处提到现场观众的笑,即"听到这里,现场的观众都笑得东倒西歪",这句话的前面是小男孩儿对主持人问题的回答——"……我挂上我的降落伞先跳出去"。因此,选项C符合题意。

10. 正确答案是B。这是一道关于情景的归纳总结题,此类题目的答案通常集中在讲话的最后部分,是对上文的总结,是讲话的中心内容所在。当然,也有开篇就亮明观点的情况。讲话中,一开始小男孩儿回答主持人的问题后,主持人和现场的观众都没有理解他真正的意思,所以观众都大笑,可排除选项A;主持人再次提问后,小男孩儿回答要去拿燃料,然后再回到飞机上来,紧接着,说话人提出了问题——"当你听别人说话时,你真的听懂别人的意思了吗",进而说"如果没听懂,就请听别人把话说完",这就是结论,也是本题的答案所在,因此,选项B符合题意;听话不要只听一半、不要猜测别人所说的内容,是对"听别人把话说完"的进一步解释,与选项C、D的意思相反,可排除选项C、D。

第三节 特殊场所

第一部分

说明：1～5题，这部分试题都是两个人的简短对话，第三个人根据对话提出一个问题，请你在四个备选答案中选出唯一恰当的答案。

1. A 风景区
   B 展览馆
   C 照相馆
   D 博物馆

2. A 开玩笑
   B 等绿灯亮
   C 等公交车
   D 开车去上班

3. A 照相馆
   B 理发店
   C 服装店
   D 修理厂

4. A 同事
   B 朋友
   C 同学
   D 夫妻

5. A 故意不见男的
   B 已去找他们了
   C 不在办公室了
   D 等了男的很久

第二部分

说明： 6～10题，这部分试题中，你将听到一段长对话和一段讲话。每段话之后，你将听到几个问题，请你在四个备选答案中选出唯一恰当的答案。

6. A 看新闻
   B 参加会议
   C 做对比分析
   D 看公司的报告

7. A 完全相信
   B 部分相信
   C 完全不信
   D 仅作参考

8. A 妈妈想要玫瑰花
   B 买了最便宜的玫瑰花
   C 想给生病的妈妈送花
   D 想买玫瑰花却买不起

9. A 他自己买的
   B 店主送给他的
   C 李平为他买的
   D 他用康乃馨换的

10. A 喜欢玫瑰花
    B 在公园等他
    C 已经去世了
    D 还在治疗中

答案

1. D   2. C   3. B   4. A   5. C   6. C   7. D   8. D   9. C   10. C

即练即讲

1. 正确答案是 D。男的提到"博物馆",选项 D 符合题意。对话中有一些干扰词,如考生听到"展览"可能会选择选项 B,听到"风景"可能会选择选项 A,听到"拍一张""拍照"可能会选择选项 C,但听到最后"博物馆内严禁拍照!"即可确定选项 D 为正确答案,博物馆内展览风景画,女的想拍照。

2. 正确答案是 C。由女的说的"车还不来""等车的人越来越多了""要是只来一辆车"等内容可推断,对话发生的地点是在公交车站,说话人在公交车站等车。因此,选项 C 符合题意。

3. 正确答案是 B。女的和男的的话中都有一个关键词"理","理"是理发的意思;如果不知道"理"的意思,男的的话中还有"剪",即剪发的意思;再加上对话中的"长一点儿""短一点儿",可知这段对话发生在理发店。因此,选项 B 符合题意。

4. 正确答案是 A。这是一道判断人物之间关系的题,需依据情景才能做出正确选择。对话中有几个关键词——"听主任说""出差""下班",由此可判断对话发生在公司或办公室,说话人最可能是同事关系。因此,选项 A 符合题意。

5. 正确答案是 C。这道题是特定情景下关于个人情况的判断。由"刘总经理""远方公司"这两个关键词可推断对话发生在某公司内。远方公司的人来找刘总经理,女的回答"抱歉",说明他们无法满足客人的需求,此刻客人见不到刘总经理。女的后面说的"真不巧,刘总刚才还在办公室的",进一步说明刘总经理现在不在办公室。因此,选项 C 符合题意。对话中没有出现与选项 A、B、D 相关的信息。

6. 正确答案是 C。这段对话的主要内容与股市相关,属于商务领域。商务领域的内容相对较难,难在专业名词和表达方式上,商务会话的情景也主要通过专业词汇和表达方式来体现。这道题问的是男的通过什么方式来了解某家公司的情况,女的提供了两个选项——"看报告"与"实地考察",男的回答说他"除了看报告",也要"去那家公司参加有关的会议",也就是实地考察,然后把报告内容和实地考察得到的信息"做对比分析",选项 C 符合题意;选项 B、D 只取其一不完整;对话中提到报告失去了"新闻价值",并不是"看新闻",意义不一样,选项 A 不符合题意。

7. 正确答案是 D。在股市里如何操作,男的有自己的方式,根据男的的话,他首先要做的是了解每天的行情,然后再听经纪人的分析和建议,最后全盘考虑后做出自己的决定。当某个经纪人建议他买某只股票的时候,他一般不会马上买,可排除选项A、C;选项B似乎是对的,但是男的说经纪人的建议仅仅是"可供参考的信息",选项D比选项B更符合题意。

8. 正确答案是D。这段讲话涉及的地点有两个——花店和墓地,情景都和玫瑰花相关。通过男孩儿说的"我妈妈去年得了一场大病,……今年我想选个特别一点儿的礼物"可知,他妈妈去年病了,他今年要送给妈妈特别的礼物,但并没有说他妈妈想要玫瑰花,讲话中其他地方也没有提到他妈妈想要玫瑰花,可排除选项A;男孩儿和花店的店主讨价还价,但店主不同意降价,选项D符合题意;男孩儿最终买到了玫瑰花,是因为李平悄悄替他买了单,讲话中没有提到他买了最便宜的玫瑰花,可排除选项B;最后男孩儿走进公墓,把玫瑰花放在一块小墓碑前,并说了一些想妈妈的话,由此可知男孩儿的妈妈不是在生病,而是已经去世了,可排除选项C。

9. 正确答案是C。讲话中提到"男孩儿的话打动了李平,他悄悄地告诉店主,他替这个男孩儿买单",由此可知,选项C符合题意;选项A、B、D讲话中都没有提到。

10. 正确答案是C。仅凭男孩儿买玫瑰花送给妈妈并不能确定他妈妈喜欢玫瑰花,可排除选项A;通过男孩儿和花店店主的对话可知,男孩儿的妈妈去年病了,她现在怎么样了,对话中并没有交代,可排除选项D;李平看到男孩儿拿着玫瑰花走进了一座公墓,又看见男孩儿把花放在一块小墓碑前,由此可知男孩儿的妈妈已经去世了,可排除选项B,同时可确定选项C符合题意。

第四节 单元测试

第一部分

说明：1～10题，这部分试题都是两个人的简短对话，第三个人根据对话提出一个问题，请你在四个备选答案中选出唯一恰当的答案。

1. A 饭店
   B 宾馆
   C 商场
   D 公司

2. A 商店
   B 书店
   C 邮局
   D 图书馆

3. A 商店
   B 修理店
   C 照相馆
   D 物价局

4. A 机场
   B 地铁上
   C 火车站
   D 公交车站

5. A 鞋店
   B 服装店
   C 家具店
   D 农产品市场

6. A 火车上
   B 地铁上
   C 公交车上
   D 出租车上

7. A 电话亭
   B 值班室
   C 报刊亭
   D 问讯处

8. A 书店
   B 图书馆
   C 出版社
   D 文化用品店

9. A 饭店
   B 咖啡厅
   C 茶叶店
   D 大型超市

10. A 商店
    B 宾馆
    C 饭馆
    D 火车站

第二部分

说明：11～20题，这部分试题中，你将听到两段长对话和两段讲话。每段话之后，你将听到几个问题，请你在四个备选答案中选出唯一恰当的答案。

11. A 不喜欢
    B 风险高
    C 非本地人
    D 无"三证"

12. A 经历多
    B 能力强
    C 收入高
    D 心态好

13. A 款式
    B 手感
    C 眼光
    D 价格

14. A 如假包退
    B 样式流行
    C 价格实在
    D 在这儿营业

15. A 没人认识他
    B 没人承认他
    C 没人疼爱他
    D 没人理解他

16. A 出去结账
    B 出去签名
    C 出去接电话
    D 在演电视剧

17. A 李强不想结账
    B 她认出了李强
    C 李强误会了她
    D 她想找李强签名

18. A 报社记者
    B 电台播音员
    C 节目评论员
    D 电视台主持人

19. A 节目临时的安排
    B 吸引听众的兴趣
    C 满足听众的要求
    D 继续上期节目的内容

20. A 著名教师
    B 著名作家
    C 著名文学家
    D 著名播音员

（答案及解析见书后）

第三单元
话题判断

方法与策略

话题判断主要考查考生能否通过理解对话双方或讲话者的语意，分析推断出他们在谈论的话题以及他们对话题的态度等。

我们将话题判断分为话题内容判断、话题态度判断以及话题关涉对象判断等几个方面。

话题内容判断主要是对话题本身的判断，提问方式主要有"他们/这段话在谈论什么？""这段话主要讲了什么？""这段话主要想告诉我们什么？"或"男的/女的/他们要做什么？"等。

话题态度判断是一个人提出话题，另一个人对这一话题发表看法或表示态度，或者是讲话者对所讲话题发表看法或表示态度，提问方式主要有"男的/女的是什么意思？""男的/女的希望女的/男的怎么做？""关于……，男的/女的/说话人怎么看？""男的/女的/说话人对……有什么看法？""男的/女的/说话人认为/觉得……怎么样？"等。

话题关涉对象判断是对与话题有关的人或事物进行判断，提问方式主要有"关于……，下列哪一项正确？"。

在对话中，话题判断类的题型是对话双方围绕着同一个话题展开的。一般来说，题干和答案中都包含某一类话题所使用的专用词语，题干中的词语和答案中的词语往往属于同一个语义场，是同义词、近义词或相关词语。例如：

女：老黄，什么时候乔迁新居啊？

男：下礼拜才交钥匙，装修也得一个多月，等过了年再说吧。

问：他们在谈论什么？

A 搬家　　　　　B 看房子　　　　　C 买房子　　　　　D 租房子

正确答案是 A。对话中有一个关键信息"乔迁新居"，如果了解它的含义，那么很容易就可以选出正确答案 A，因为"乔迁新居"与"搬家"是近义词。但如果考生对"乔迁新居"一词不了解，在第二个人的话中还有"交钥匙""装修"等词语，这些词语与"搬家"也属于同一个语义场，由此也可推断他们谈论的话题是"搬家"。

大多数话题判断题往往是第一个人提出话题，第二个人进行补充说明，或是表明自己的态度，或是进一步解释说明等。因此，首先要抓住第一个人所给出的关键信息。这里要注意，说话人在阐明自己的观点时，常常使用关联词语。例如：

女：都说现在的孩子比我们那时候幸福，依我看，他们活得也挺累的。

男：谁说不是呢？我女儿的书包大概有十斤重。

问：他们在谈论什么？

A 孩子很幸福　　　B 孩子学习很累　　　C 大家工作很累　　　D 女儿的书包很重

正确答案是 B。在这段对话中，女的使用了"都说……，依我看，……"句式，表达自己与大家的看法不一致。这个句式含有隐形的关联词语"虽然……但是……"，意思是"虽然大家都认为……，但是我觉得……"，所以她的观点是"现在的孩子很累"。男的回答"谁说不是呢？"，这是一个反问句式，意思是同意女的的看法，答句中还补充了一个证据"我女儿的书包大概有十斤重"，进一步说明现在的孩子课业压力大，学习很累。由此可知，他们在谈论现在的孩子学习很累这一话题。

关联词语虽然没有实际的语义，但有非常重要的语法表达功能，常用来表达假设、条件、转折、递进等含义。关联词语对理解整个句式起着非常关键的作用，对考生做话题判断题有很大的辅助作用，因此考生要注意对关联词语的学习和积累。常用关联词语的简单分类可参见本单元"知识库"。

有些话题判断题的题干比较隐晦，或者第一个人的话语中有很多种可能性，那就需要注意第二个人所给的信息，再结合第一个人的话语，判断出所谈论的话题。例如：

女：小李，好久不见了，最近怎么样啊？

男：王老师，正想找您呢。我刚完成一篇论文，想请您帮我修改一下。

问：男的想做什么？

A 想写论文　　　　**B** 想去女的家　　　　**C** 想请女的帮忙　　　　**D** 想给女的打电话

正确答案是 C。从第一个人的话语中我们无法判断他们在谈论什么话题，但是，第二个人的话给出了明确的信息：男的想请女的帮他修改一下自己的论文。四个选项中只有 C 符合男的的意思。

另外，有时候试题的四个选项也会给我们一定的提示。例如：

男：我觉得今天看的这个不错，虽然不大，但是地理位置很好。

女：那行吧。明天你再联系他一下，咱们就租下来吧。

问：他们要做什么？

A 买房子　　　　**B** 看房子　　　　**C** 租用房子　　　　**D** 出租房子

正确答案是 C。从四个选项中可以看出，这段对话跟"房子"有关，再结合第二个人说的"租下来吧"，可以确定他们是在谈论租用房子的话题。

在一些简短讲话中，由于涉及多个事物或者多项行为、动作，较难进行话题判断，这时要注意抓住关键句。关键句常使用转折句式，后面的句子往往是讲话者的观点。例如"糖尿病人不是不能吃水果，关键是吃多少和怎样吃"，讲话者的观点是说明糖尿病人应该怎样吃水果。在听录音时，注意答案选项与录音材料的对应，可以在选项旁边做一些简单的标记，同时须特别注意听清楚问题，从问题反观选项，对照所标记的内容，就很容易画定正确答案了。

★关于话题判断题的答题方法和策略,有以下几点建议供大家参考:

1. 注意积累某个特定语义场的词汇。

比如录音和选项没有使用同一个词,而是使用两个同义词或近义词,遇到这种情况时,要能马上进行同义转换,在选项中迅速锁定同义词,选出正确答案。

2. 抓住对话或讲话中的关键信息。

在对话中,我们往往通过第一个人说的关键信息就能推断出话题是什么。如果第一个人的话语比较隐晦,无法判断,那么就要从第二个人的话中或者选项中抓取关键信息进行判断。

讲话中关于话题判断的关键信息常常出现在开头或结尾,句中常出现关联词语,要理解关联词语的准确含义。

3. 在听录音的过程中快速记下相关信息。

在进行长对话或简短讲话的话题判断时,由于内容比较曲折,信息量大,考生应在听的过程中快速记下相关信息,再结合选项,根据上下文逻辑进行合理的推理和判断。

知识库

表3-1 常用关联词语关系类型及例句

关系类型	关联词语	例句
并列关系	(一)边……(一)边……	我们(一)边说(一)边干吧。
	一面……一面……	她一面看着孩子,一面和我们聊天儿。
	又……又……	那个孩子长得又白又胖。
	既……又……	她既是我的老师,又是我的朋友。
	一方面……另一方面……	我们努力学习,一方面是要实现自己的梦想,另一方面是将来要为社会做贡献。
	也……也……	游客也有坐车的,也有步行的。
	不是……而是……	世界上不是缺少美,而是缺少发现美的眼睛。
顺承关系	先/首先……然后……	放假后,我打算先回老家看望奶奶,然后跟朋友们去四川旅游。
	刚……就……	我刚下火车就看见了他。
选择关系	是……还是……	你是今天走,还是明天走?
	或者……或者……	你随便挑一件吧,或者这件,或者那件。

续表

关系类型	关联词语	例句
选择关系	要么……要么……	要么我去，要么你来，怎么都行。
	不是……就是……	这本书不是张晓的，就是李浩然的。
	宁可/宁愿/宁肯……也不……	他宁可自己受损，也不让别人吃亏。
	与其……不如……	我们与其在这里干等，不如去找他。
递进关系	不但/不仅/不只/不光……而且/还/也……	不但我喜欢这里，而且我朋友也喜欢这里。（主语不同） 他不仅是一位演员，还是一位书法家。（主语相同）
	不但不/不但没……反而/反倒……	已经四月了，天气不但不暖和，反而还很冷。
	……更……	我珍惜这件礼物，更珍惜他对我的友情。
	……况且/何况/更何况/甚至……	上海这么大，况且你又没有他的地址，怎么找他呢？
转折关系	虽然/虽说/尽管/固然……但是/但/可/可是/然而/却/还/仍然……	他虽然大我几岁，可看上去仍然像个孩子。
	……但是/但/可/可是/然而……	天气很冷，但是我身上还出汗呢。
	……不过/却/只是/就是……	我是想去的，不过我没时间。
	……其实……	听口音他像北京人，其实他是天津人。
条件关系	只要……就……	只要努力，就有收获。
	只有/除非……才……	只有坐飞机去，才能赶上那个博览会。
	除非……否则/不然……	除非你也去，否则我是不会去的。
	凡是……都……	凡是你爱吃的，我都爱吃。
	不管/无论/不论/任凭……都/也……	不管你说什么，他都不会答应的。
	一……就……	我一见他就头疼。
假设关系	如果/要是/假如/假使/假设/假若/倘若……就/便/那么……	如果没有你的帮助，就不会有我的成功。
	要不是……	要不是医生、护士的精心治疗和护理，你哪能好得这么快？

续表

关系类型	关联词语	例句
假设关系	即使/就算/即便/哪怕/就是……也……	即使是数九寒天，他也坚持锻炼。
	再……也……	你再忙也要记得吃饭。
因果关系	因为……所以……	因为连续几天没合眼，所以他倒头就睡。
	……因此……	他在训练中不慎把腿摔伤了，因此，这次比赛就先让别人上吧。
	之所以……是因为……	他之所以答应你，是因为领导对他做了工作。
	由于……	由于天气原因，飞机不能正常起飞。
	……只好……	看到这样的结局，他只好自认倒霉。
	……可见……	他接连来了几个电话，可见情况十分紧急。
	既然……就/那么……	你既然答应他了，就要说话算数。
	……以致……	他事先没有充分调查研究，以致得出了错误的结论。
目的关系	……为的是……	她这样做，为的是不让母亲伤心。
	为了/为……	为了能在比赛中得到好成绩，他每天都认真练习。
	……好……	你今天早点儿睡，明天好早点儿起床。
	……以便/以……	他把资料整理好，以便今后随时查阅。
	……省得/免得/以免/以防……	我先打听清楚地址再去找他，省得白跑一趟。

第一节 话题内容

第一部分

说明：1～5题，这部分试题都是两个人的简短对话，第三个人根据对话提出一个问题，请你在四个备选答案中选出唯一恰当的答案。

1. **A** 心情
   B 空气
   C 皮肤
   D 衣服

2. **A** 买名牌家电
   B 如何选家电
   C 男人是内行
   D 家电要功能齐全

3. **A** 西安的旅游
   B 西安让人开眼
   C 去西安骑马了
   D 骑马看了很多花

4. **A** 旅游的时间
   B 新书出版的时间
   C 电影上映的时间
   D 新产品发布的时间

5. **A** 不能上网
   B 看说明书
   C 安装衣柜
   D 男的明天来

第二部分

说明： 6～10题，这部分试题中，你将听到一段长对话和一段讲话。每段话之后，你将听到几个问题，请你在四个备选答案中选出唯一恰当的答案。

6. A 资金雄厚
   B 没遇到什么挫折
   C 得到了家人的支持
   D 热爱并专注于这份事业

7. A 跨国公司
   B 企业自己
   C 同行业的公司
   D 新兴起的小公司

8. A 男的读的书很多
   B 男的更重视专才
   C 男的是武术老师
   D 男的最看重综合素质

9. A 尘埃的种类
   B 尘埃的危害
   C 尘埃的作用
   D 尘埃的颜色

10. A 能过滤蓝光
    B 帮助形成雨
    C 害处大于益处
    D 能减弱太阳的能量

第三单元　话题判断

答案

1. B　2. B　3. A　4. C　5. C　6. D　7. B　8. D　9. C　10. B

即练即讲

1. 正确答案是B。对话中女的一开始就说"这里的空气真湿润",谈的是空气,后面说她的皮肤比以前光滑,也是为了说明空气湿润;男的说"好是好,就是……",这个句式的意思是"虽然……但是……",他认为空气湿润的坏处是衣服很难晾干。两个人谈论的中心都是空气,选项B符合题意;皮肤光滑和衣服难晾干只是空气带来的影响,并不是话题中心,可排除选项C、D;选项A对话中没有涉及。

2. 正确答案是B。"大可不必"意思是没有必要,男的认为现在家电的质量都很好,应该按需购买,没有必要追求功能齐全和名牌,可排除选项A、D;女的说男的是"内行","内行"是指对某些方面很了解、很专业的人,这说明女的非常赞同男的的观点,由此可知,他们在谈论如何选择家电,选项B符合题意。

3. 正确答案是A。这道题中出现了很多跟"旅游"相关的词语。"西安之行"是指去西安的旅行,由此可知,他们在谈论关于西安旅游的话题,选项A符合题意。"开眼"是开眼界的意思,意为看到美好的或新奇的事物,增长了见识。女的说"开眼是开眼,就是……",意思是"虽然开眼,但是……"。这次西安之行因为"时间太短",所以只能"走马观花",成语"走马观花"比喻粗略地观察事物,也可以说"走马看花",也就是说女的在西安只能粗略地游览。选项B、C、D都是利用字面意思进行干扰。

4. 正确答案是C。从女的的话中可知,男的的新作品快要发布了,作品指文学艺术方面的成品,与旅游和新产品无关,可排除选项A、D;女的称呼男的"陈导",据此可推测男的是一位导演,"春节档"指春节档期,一般是电影或电视节目上演或播出所占的春节时间段,由这几个关键词可推断,选项C符合题意。

5. 正确答案是C。这段对话涉及多个行为。女的说她从网上买了一个衣柜,可是安装不好,男的建议她再看一下说明书,如果不行,他明天会来帮忙安装。整个对话都是围绕着"安装衣柜"进行的。因此,选项C符合题意。

6. 正确答案是D。男的说"如果你热爱一件事,又能够一心一意地去做,那么在做这件事的过程中,你是不会体会到挫折和困难的",由此可推断,男人非常热爱并且专注于自己的事业。因此,选项D符合题意。

7. 正确答案是B。这个问题与女的提的第二个问题一致。男的回答"肯定是自己",接着从个人和企业两个方面进一步进行说明,在企业方面,"能把一个企业打败的是其内部的管理"。因此,选项B符合题意。

8. 正确答案是D。女的问男的最看重求职者的什么素质,男的回答了三个方面:首先看重的是综合素质,其次看重的是专业能力,最后是不看重求职者毕业于哪所大学,由此可知,选项B不符合题意,选项D符合题意;男的举例说明综合素质时提到要看"他读过的书是不是足够多",这里指的是应聘者,男的并没有说自己读的书很多,可排除选项A;对话中男的提到企业要"修炼内功",这是比喻的说法,意思是企业要加强内部的管理,不能理解为男的是武术老师,并且对话一开始女的就说了男的是"一位企业家",可排除选项C。

9. 正确答案是C。这道题要求考生不但要听懂整段话的意思,还要总结这段话的主题。这段话一开始简单介绍了什么是尘埃以及尘埃的害处,紧接着提出问题"尘埃有这么多害处,难道就没有一点儿可取之处吗?",并用"其实,尘埃在我们的生活中是不可缺少的"来回答。以"难道"引起的问句和以"其实"引起的句子常常是说话人真正想表达的意思,因此,这个问句后面的观点才是这段话的主题,也就是说,这段话主要论述的是尘埃的作用。因此,选项C符合题意。

10. 正确答案是B。这是一个综合判断题。这段话中说"尘埃在反射和散射着阳光,使阳光变得柔和、舒适",说明尘埃可以减弱阳光,但并不是说减弱太阳的能量,可排除选项D;接着又说"它滤去了太阳的红、橙、黄、绿等较强颜色的光,留下了较弱的蓝光",与选项A意思相反,可排除选项A;这段话先是说明了尘埃的害处,话锋一转又说明了尘埃的益处,至于哪种作用更大并未提及,可排除选项C;最后一部分先说明了雨的形成过程,又进一步强调"如果没有尘埃,这样的转变过程就不会出现",选项B符合题意。

第二节　话题态度

第一部分

说明：1～5题，这部分试题都是两个人的简短对话，第三个人根据对话提出一个问题，请你在四个备选答案中选出唯一恰当的答案。

1. A 他没有意见
   B 他不想说了
   C 就按女的说的办
   D 他不知道说什么

2. A 问男的去哪儿了
   B 让男的不必客气
   C 问男的要去哪儿
   D 男的去了邻居家

3. A 她太笨了
   B 她很积极
   C 她想得到好成绩
   D 她得早点儿行动

4. A 刚刚上市的东西
   B 质量较好的东西
   C 减价处理的东西
   D 价格很高的东西

5. A 汽车闯红灯了
   B 自行车带人抢行了
   C 公公婆婆总是对的
   D 双方都认为自己有理

第二部分

说明：6～10题，这部分试题中，你将听到一段长对话和一段讲话。每段话之后，你将听到几个问题，请你在四个备选答案中选出唯一恰当的答案。

6. A 创新
   B 拼搏
   C 勇敢
   D 自信

7. A 做事要稳妥
   B 不能承受风险
   C 趁年轻早创业
   D 不要被失败吓退

8. A 国货质量好
   B 国货重新走红
   C 国货有设计感
   D 国货完成了转型

9. A 符合传统审美
   B 符合东方美学
   C 各大销售平台推荐
   D 设计独特、价格合适、体现民族自豪感

10. A 宣传买国货更爱国
    B 国货只在网上售卖
    C 到处都能看到国货的广告
    D 国货的设计更加符合年轻人的品味

第三单元　话题判断

答案

1. B　　2. B　　3. D　　4. C　　5. D　　6. A　　7. D　　8. B　　9. D　　10. D

即练即讲

1. 正确答案是B。男的说"既然你都决定了，我还说什么？"，意思是女的已经做了决定，那么他的意见说与不说都一样，所以他不想说了。"我还说什么？"是一个反问句，带有一定的不满情绪，意思是他不说了。因此，选项B符合题意。

2. 正确答案是B。"过意不去"是向对方表示歉疚，也是表示感谢的一种表达法。女的说"瞧你说到哪儿去了？街坊邻居的"，意思是他们是街坊邻居，男的不用客气。同样意思的表达还有"瞧您说的！""说到哪儿去了？""瞧这话说的！""哪儿的话？"等。因此，选项B符合题意。

3. 正确答案是D。这道题的关键是要理解成语"笨鸟先飞"的含义。"笨鸟先飞"比喻能力差的人做事时，恐怕落后，比别人先行动，多用作自谦。因此，选项D符合题意。

4. 正确答案是C。"处理货"是指因为质量问题或过季而降价的商品。从男的的话中可知，"处理货"虽然便宜，但是质量不好，所以不能买。女的说"花钱买教训"，说明女的已经买了"处理货"，吃亏了。因此，选项C符合题意。

5. 正确答案是D。俗语"公说公有理，婆说婆有理"的意思是每个人都认为自己有道理，都认为自己是正确的。因此，选项D符合题意。

6. 正确答案是A。通过女的说的"我觉得进取就是不断去创造新的东西"可知，她认为进取就是要不断创新。因此，选项A符合题意。

7. 正确答案是D。女的在谈到女性创业这个话题时，先是提到一种普遍的观点——"通常人们都认为女性会比较追求稳妥，她们对于风险的承受能力不是特别强"，接着话锋一转，"但是……"，一般来说，"但是"后面的观点才是说话人真正的观点，可排除选项A、B；她"宁可在创新中失败，也不在保守中成功"，"宁可……也不……"是表示选择意义的关联词语，这句话的含义是"在创新中失败"和"在保守中成功"这两者中说话人选择的是"在创新中失败"，后面又说"在年轻的时候要有勇气去尝试，哪怕是犯错误，哪怕是跌跟头"，"哪怕"是表示假设的连词，这句话的含义是年轻时即使犯错误，跌跟头，也要勇于尝试，这是鼓励年轻人不要怕失败，选项D符合题意；选项C有一定的迷惑性，但是女的的观点主要是谈面对失败的态度，是鼓励年轻人勇于面对失败，并不是鼓励年轻人早创业。

8. 正确答案是B。这段话一开始就给出了关键信息——"七成多的受访者表示对国产品牌发展怀有期待""国货重新火了起来",后面接着介绍国货受追捧的原因。由此可知,这段话主要是在谈国货重新大火,选项B符合题意;选项A讲话中没有提到;选项C、D都是国货重新大火的原因之一,是主要内容的一部分,不全面,因此不能选。

9. 正确答案是D。四个选项在讲话中都提及了,但要注意抓住一个关键信息——"从设计、性价比到情感价值的展现,都吸引了新一代年轻人"。由这句话可知,国货得到年轻人追捧的原因,一是设计符合年轻人的审美,二是性价比高,三是体现了民族自豪感。只有选项D最符合说话人的观点,其他选项都不全面。

10. 正确答案是D。这道题考查考生的综合判断能力。这段话中有几处关键信息——"独特的艺术风潮,深受年轻消费者的追捧""产品更加贴近年轻消费群体的审美和需求""从设计、性价比到情感价值的展现,都吸引了新一代年轻人",由此可知,国货的设计更加符合年经人的审美。因此,选项D符合题意。

第三节　话题对象

第一部分

说明：1～5题，这部分试题都是两个人的简短对话，第三个人根据对话提出一个问题，请你在四个备选答案中选出唯一恰当的答案。

1. A 打鱼去了
   B 确实很忙
   C 经常缺课
   D 爬山去了

2. A 顾客多
   B 在四川
   C 服务不好
   D 菜的味道怪

3. A 在骑马
   B 在打牌
   C 在喝饮料
   D 经常丢东西

4. A 不来了
   B 晚点了
   C 出故障了
   D 已经降落了

5. A 打折是应该的
   B 商家喜欢女人
   C 打折是商家的促销手段
   D 商家知道女人喜欢买东西

第二部分

说明: 6～10题,这部分试题中,你将听到一段长对话和一段讲话。每段话之后,你将听到几个问题,请你在四个备选答案中选出唯一恰当的答案。

6. A 生产
   B 投资
   C 房地产
   D 教育培训

7. A 成功概率很大
   B 不需要大量资金
   C 圆所有人的梦想
   D 对他而言是全新的

8. A 创业的经验
   B 宣传的渠道
   C 先进的技术
   D 优厚的待遇

9. A 是圆形的
   B 生长在南方
   C 不可以煲汤
   D 孕妇不可以吃

10. A 女人
    B 孕妇
    C 瘦的人
    D 体质虚弱的人

第三单元　话题判断

答案

1. C　　2. A　　3. D　　4. B　　5. C　　6. B　　7. D　　8. A　　9. B　　10. A

即练即讲

1. 正确答案是 C。女的说的"名落孙山"是一个成语，意思是考试没考中，跟爬山没关系，可排除选项 D；男的说的"三天打鱼，两天晒网"比喻学习或做事缺乏恒心，时常中断，不能坚持，跟打鱼没有关系，可排除选项 A；这个成语用在这里是指小姜经常不来上课，选项 C 符合题意；选项 B 对话中没有提及。

2. 正确答案是 A。"川菜"是指四川风味的菜，川菜饭馆遍布全国各地，不一定是在四川，对话中并没有说这家饭馆在哪儿，可排除选项 B；"地道"在对话中指这家饭馆的四川菜味道很正宗，可排除选项 D；男的说"怪不得这么多人排队"，说明这家饭馆的顾客很多，选项 A 符合题意；选项 C 对话中没有提及。

3. 正确答案是 D。通过"登机牌"可知，说话人应该在等飞机，跟打牌无关，可排除选项 B；女的说"可能落在买饮料的地方了"，说明女的曾经去买过饮料，但并没有说她现在正在喝饮料，可排除选项 C；"马大哈"形容人粗心大意，跟骑马无关，可排除选项 A，同时可确定选项 D 符合题意。与"马大哈"类似的表达还有"丢三落四""粗心大意""粗枝大叶"等。

4. 正确答案是 B。女的询问飞机是否不来了，男的说"不是不来"，这是一个双重否定，意思是飞机会来的，可排除选项 A；接着男的又说明了飞机还没来的原因，是由于雾大，无法降落，可排除选项 D，并可推知飞机晚点了，选项 B 符合题意；选项 C 对话中没有提及。

5. 正确答案是 C。从女的的话中，我们可以获得两个信息：一是今天商场打折了，二是女的一次性买了四双鞋。由此可知，女的因为便宜而购买了很多东西。男的认为，商家非常了解女性喜欢买便宜货的心理，所以做出了打折的举措。因此，选项 C 符合题意。

6. 正确答案是 B。从男的的话中可知，他正在筹建自己的公司，希望选出人才和好的项目，然后给他们投资，由此可推断，男的目前的工作应该是做投资。因此，选项 B 符合题意。

7. 正确答案是 D。女的问男的"这项工作的魅力在什么地方？"，"魅力"通常指吸引人的力量，也就是说，女的是在问男的为什么要做这项工作，男的回答说"……这是一个崭新的工作，从头做起是我最喜欢的工作"。因此，选项 D 符合题意。

8. 正确答案是 A。通过男的最后说的"今天中国的青年非常渴望创业，但是他们没有足够的经验把这个事情做好，而我可以提供这样的经验"可知，选项 A 符合题意。

9. 正确答案是 B。这是一道综合判断题,需要理解整段话的内容。这段话一开始就说"木瓜有'岭南果王'之称","岭南"是指五岭以南的地区,就是广东、广西一带,选项 B 符合题意;由"无论生吃还是煲汤,(木瓜)都是清心润肺的佳品"可知,木瓜可以煲汤,可排除选项 C;由最后一句"孕妇尤其不要吃未成熟的木瓜"可知,孕妇不能吃未成熟的木瓜,但并没有说孕妇不能吃成熟的木瓜,可排除选项 D;木瓜的形状这段话中并未提及,可排除选项 A。

10. 正确答案是 A。这也是一道综合判断题,需要理解整段话的内容。这段话中提到"木瓜中的酵素能分解肉食,起到减肥的效果",说明木瓜对胖的人有好处,可排除选项 C;随后提到"木瓜还能平衡荷尔蒙,因此也有美容养颜的功效,所以说它是女性的福音","福音"的意思是好消息,说明木瓜对女人有好处,选项 A 符合题意;最后提到"体质虚弱或有肠胃疾病的人要小心食用木瓜,孕妇尤其不要吃未成熟的木瓜",可排除选项 B、D。

第四节 单元测试

扫一扫，听录音

第一部分

说明：1～10题，这部分试题都是两个人的简短对话，第三个人根据对话提出一个问题，请你在四个备选答案中选出唯一恰当的答案。

1. A 很有名
   B 味道很好
   C 味道一般
   D 味道很好闻

2. A 生病了
   B 很高兴
   C 最近很忙
   D 来看望男的

3. A 很傲慢
   B 没礼貌
   C 眼睛近视
   D 不认识男的

4. A 女的很累
   B 女的没睡好
   C 天气太热了
   D 房间里有只蚊子

5. A 他很聪明
   B 他睡眠少
   C 他有好奇心
   D 他经常看报纸

6. A 他们有钱
   B 想看一看
   C 家具很漂亮
   D 他们没有钱

7. A 以后再说
   B 价格说不准
   C 价格可以再谈
   D 价格不能便宜

8. A 不赞成去取款
   B 过一会儿去银行
   C 去银行附近吃饭
   D 公寓附近也可以取钱

9. A 书法
   B 服装
   C 字画
   D 照片

10. A 不要去说了
    B 说也不管用
    C 找邻居算账
    D 邻居不像话

第二部分

说明：11～20题，这部分试题中，你将听到两段长对话和两段讲话。每段话之后，你将听到几个问题，请你在四个备选答案中选出唯一恰当的答案。

11. A 一场演讲
    B 一则新闻
    C 一次旅行
    D 一场时装秀

12. A 生活
    B 创新
    C 阅读
    D 与人交流

13. A 太辛苦了
    B 是种享受
    C 条件不差
    D 很有收获

14. A 成绩很好
    B 喜欢跳舞
    C 学习很努力
    D 家里只有两口人

15. A 留在山里
    B 继续学习
    C 回自己的家乡
    D 继续帮助山里的孩子们

16. A 与狮子有关
    B 可以提醒司机
    C 是中国人设计的
    D 长度有统一的标准

17. A 分不清颜色
    B 喜欢晚上活动
    C 经常单独行动
    D 主要分布在森林里

18. A 还没有解禁
    B 大鱼有孩子
    C 大鱼太漂亮了
    D 母亲不喜欢鲈鱼

19. A 母亲常陪他去钓鱼
    B 母亲让他放回鲈鱼
    C 母亲教会他守规则
    D 母亲是一个善良的人

20. A 对儿子很严厉
    B 儿子是建筑师
    C 钓到了一条大鱼
    D 常对儿女讲这件事

（答案及解析见书后）

第四单元

人物关系、身份、职业判断

方法与策略

人物关系、身份、职业判断要求考生通过事件、地点、说话人的态度和语气等推理判断出说话人以及所涉及的相关人物的关系、身份和职业。

在人物关系判断题中，我们可以通过一些关键的动词、量词、时间词、称谓词等，来判断说话人之间的关系，提问方式主要有"说话人（最可能）是什么关系？"。例如：

男：请问《梅兰芳》还有几点的？

女：八点半的已经过了，你们等下一场吧，十点。

问：说话人是什么关系？

A 老师和学生　　　**B** 司机和乘客　　　**C** 售票员和观众　　　**D** 售货员和顾客

正确答案是 C。通过对话可知，男的是在询问一件事情的时间。对话中"八点半的"表示时间发生在八点半的那件事情，由此可以推断，这件事情是有固定时间的；再通过量词"场"可以推断，说话人谈论的是电影的放映时间。因此，他们最可能是售票员和观众的关系。

人物身份判断题常要求考生通过捕捉对话中的信息，判断一个人的身份，提问方式主要有"男的/女的（可能）是什么人？"。例如：

男：张一朵同学聪明倒是挺聪明的，就是作业完成得不好。

女：我们俩工作太忙，有时顾不上她，您费心了。

问：女的可能是张一朵的什么人？

A 妈妈　　　　　**B** 老师　　　　　**C** 亲戚　　　　　**D** 朋友

正确答案是 B。从男的的话中，我们可以推断，他是张一朵的老师，因为他称呼张一朵为"同学"，并说她"作业完成得不好"，一般来说，只有老师才能完全了解学生的作业情况。从女的的话中可知，他们夫妻工作太忙，没有时间管孩子，感谢老师费心管孩子，由此可知，女的是张一朵的妈妈。"顾不上"是指没有时间和精力做某事。通过对话中出现的相关信息，我们就可以理解说话人的身份，从而选出正确的答案。

人物职业判断题的提问方式主要有"男的/女的是干什么的？""男的/女的是做什么工作的？""男的/女的（可能）是什么人？"等等。例如：

女：周末天气这么暖和，没出去玩儿吗？

男：还玩儿呢！有个外地同学过来，我陪他找了两天房子，昨晚还备课备到 11 点。

问：男的是做什么工作的？

A 导游　　　　　**B** 房产中介　　　　　**C** 教师　　　　　**D** 售楼员

正确答案是 C。对话中出现了多个行为：一是陪同学找房子，二是备课。"还玩儿呢"是反问语气，意思是根本没时间玩儿。从男的的话中可知，他的同学从外地过来，他先陪同学找房子，这说明男的的工作跟房产没有关系，可排除选项 B、D；接着他又提到"备课"，"备课"就是准备教学内容，一般来说，只有教师这个职业才会用到这个词语，由此可推断，男的的职业是教师。

★关于人物关系、身份、职业判断题的答题方法和策略，有以下几点建议供大家参考：

1. 理解说话人的态度、语气，抓住关键词。

答案一般不会直接出现在对话中，要理解对话内容和说话人的态度、语气，抓住关键词，特别是动词和一些特定的名词，进行分析推理，这样才能找到正确的答案。

2. 注意对话中的固定称谓、动词、量词、时间词。

对话中往往含有一些固定的称谓、动词、量词或者时间词等，通过这些常见的固定表达，我们可以推知说话人的关系。因此，考生要具备常见关系、身份和职业的背景知识，这对判断人物关系、身份、职业具有至关重要的作用。常见关系、身份和职业的相关表达可参见本单元"知识库"。

3. 提前熟悉选项，在听录音的过程中快速记下相关信息。

在根据长对话或简短讲话进行人物关系、身份、职业判断时，由于情节比较复杂，选项一般会跟听力材料中的某些词语相关，因此具有迷惑性，考生可提前熟悉选项，在听的过程中，在选项旁边记录与其相关的信息，听完全部内容后，再根据上下文逻辑进行合理的推理和判断。

知识库

表 4-1　常见关系、身份、职业的相关表达

类型		相关表达
人物关系	亲属关系	夫妻　祖孙　父子　父女　母子　母女　兄弟　兄妹　姐妹　姐弟
	非亲属关系	师生　同学　朋友　同事　室友　邻居　战友　医患　上下级
		老师和家长　医生和病人　司机和乘客　售票员和乘客　售货员和顾客 服务员和顾客　乘务员和旅客　老板和员工　图书管理员和借书人
亲属称谓		爷爷　奶奶　外公　外婆　姥姥　姥爷　伯伯　叔叔　舅舅　姑姑/姑妈 姨妈　伯母　婶婶　舅妈　堂哥　堂弟　堂姐　堂妹　表哥　表弟　表姐 表妹　丈夫　妻子　老公　老婆　嫂子　弟媳　姐夫　妹夫　女婿　儿媳 孙子　孙女　外孙　外孙女

续表

类型	相关表达
职业名称	经理　售货员　管理员　保安　老板　厂长　秘书　设计师　职员　公务员　校长　教师　作家　主持人　导演　演员　记者　编辑　制片人　歌手　导游　房屋中介　售楼员　律师　警察　法官　运动员　教练　服务员　厨师　保姆　快递员

第一节　人物关系

第一部分

说明：1～5题，这部分试题都是两个人的简短对话，第三个人根据对话提出一个问题，请你在四个备选答案中选出唯一恰当的答案。

1. **A** 夫妻
   B 朋友
   C 同事
   D 亲戚

2. **A** 同事
   B 朋友
   C 亲戚
   D 师生

3. **A** 售票员与乘客
   B 售货员与顾客
   C 服务员与顾客
   D 销售员与顾客

4. **A** 朋友
   B 同学
   C 师生
   D 老板与秘书

5. **A** 同事
   B 夫妻
   C 朋友
   D 同学

第二部分

说明：6～10题，这部分试题中，你将听到一段长对话和一段讲话。每段话之后，你将听到几个问题，请你在四个备选答案中选出唯一恰当的答案。

6. A 陈老师曾经教过她
   B 陈老师长得特别高
   C 陈老师是特殊的客人
   D 陈老师常被她妈妈说起

7. A 学生与老师
   B 导游与游客
   C 读者与作者
   D 服务员与顾客

8. A 亲戚
   B 朋友
   C 世交
   D 没有关系

9. A 很聪明
   B 很有名
   C 懂得很多
   D 长大后不一定成才

10. A 不聪明
    B 很有才能
    C 懂得很多
    D 小时候很聪明

答案

1. C   2. C   3. A   4. D   5. B   6. D   7. B   8. D   9. D   10. A

即练即讲

1. 正确答案是C。对话中的关键词是"领导"和"单位",再加上女的问"什么时候回来的?",以及男的说"赶到单位来",说明他们是在同一个单位工作,由此可推断,说话人是同事关系。因此,选项C符合题意。

2. 正确答案是C。对话中的关键信息是女的称呼男的"舅舅",由此可知,他们是亲戚关系。因此,选项C符合题意。

3. 正确答案是A。从"打折机票""退""改签""航班"这些关键词可知,他们是在商讨改签机票的问题。由对话内容可知,女的是要坐飞机的乘客,男的是机票售票员。因此,选项A符合题意。

4. 正确答案是D。男的让女的给他看日程安排,想调整下午的安排,女的告诉他已经帮他安排了其他事情,并问要不要帮他通知张总。从女的的这些行为来看,一般是秘书干的工作,由此可推断,女的是男的的秘书。因此,选项D符合题意。

5. 正确答案是B。从对话中可知,他们在讨论隔壁邻居的话题,说明他们是一家人,在四个选项中,只有"夫妻"是一家人。因此,选项B符合题意。

6. 正确答案是D。从女的的话中可知,她妈妈是陈老师的学生,可排除选项A;陈老师比她想象中高,并不意味着陈老师特别高,可排除选项B;选项C对话中未提及;女的的妈妈常常提到陈老师,所以女的记住了陈老师的名字,选项D符合题意。

7. 正确答案是B。从对话中可知,女的是一名导游,陈老师是旅游团的游客,选项B符合题意;女的的妈妈是陈老师的学生,虽然女的读的语文课本是陈老师编的,但她实际上并不是陈老师的学生,也并不表示他们是读者与作者的关系,选项A、C不对;选项D与对话无关。

8. 正确答案是D。孔融跟父亲去拜访洛阳太守李元礼,但是李元礼只见自己的亲戚和有名的人,所以孔融就拉关系说自己是李元礼的亲戚,实际上,他们并没有什么关系。因此,选项D符合题意。

9. 正确答案是D。晚来的客人听了孔融的事,认为孔融"小时了了,大未必佳",意思是小时候聪明,长大了未必能够成才。因此,选项D符合题意。

10. 正确答案是A。晚来的客人认为孩子小时候聪明,长大了就不一定聪明了,孔融听到这样的评价,就按照他的逻辑说这位客人小时候一定很聪明,言外之意是说他现在不聪明。因此,选项A符合题意。

第二节　人物身份

第一部分

说明：1～5题，这部分试题都是两个人的简短对话，第三个人根据对话提出一个问题，请你在四个备选答案中选出唯一恰当的答案。

1. A 保姆
   B 妻子
   C 母亲
   D 邻居

2. A 编辑
   B 教师
   C 作家
   D 记者

3. A 租客
   B 房客
   C 顾客
   D 服务员

4. A 学生
   B 编辑
   C 主持人
   D 播音员

5. A 学生家长
   B 幼儿园老师
   C 幼儿园园长
   D 孩子的妈妈

第二部分

说明：6～10题，这部分试题中，你将听到一段长对话和一段讲话。每段话之后，你将听到几个问题，请你在四个备选答案中选出唯一恰当的答案。

6. **A** 游客
   B 文旅专家
   C 考古学家
   D 故宫博物院院长

7. **A** 是一个景点
   B 是一个公园
   C 是一个博物馆
   D 是一个实验室

8. **A** 同事
   B 邻居
   C 亲戚
   D 好朋友

9. **A** 家里
   B 楼道
   C 邮局
   D 公司

10. **A** 应该上锁
    B 应该防小偷
    C 要用铜线拴住
    D 应该信任邻居

答案

1. A　2. B　3. B　4. A　5. C　6. B　7. A　8. B　9. B　10. D

即练即讲

1. 正确答案是 A。做家务、接送孩子上学、买菜这些工作，母亲、妻子等都可能做，但从男的的话中可知，女的做这些工作是拿工资的，所以她的身份应该是保姆。因此，选项 A 符合题意。

2. 正确答案是 B。男的邀请女的晚饭后去操场散步，但是女的要赶文章，意思是急着完成一篇文章，因为编辑催她了，由此可知，女的不是编辑，选项 A 可排除；从女的的话中可知，她第二天"有课"，由此可推断，她是一名教师，选项 B 符合题意。

3. 正确答案是 B。"入住手续"是指入住酒店或宾馆时要办理的手续，其中也包括缴纳"押金"。从"入住手续""押金""退房"等关键词以及男的询问早餐一事，可推断他们是在酒店，女的是酒店或宾馆前台的服务员，男的是房客。因此，选项 B 符合题意。

4. 正确答案是 A。从对话中可知，女的正在找工作，她只提到学的专业是播音主持，并没有提到做过什么工作，所以最有可能是还没有工作经验的学生。因此，选项 A 符合题意。

5. 正确答案是 C。从男的的话中可知，女的不是孩子的妈妈，可排除选项 D；女的说孩子表现不错，听说老师都夸他，说明女的不是老师，最有可能是幼儿园的园长，可排除选项 B，并确定选项 C 符合题意。

6. 正确答案是 B。根据女的的话可知，男的是著名的文旅专家，文旅专家就是文化和旅游产业领域的专家，选项 B 符合题意；男的以前曾是故宫博物院院长，现在不是了，可排除选项 D。

7. 正确答案是 A。男的认为良渚遗址的开发做得很好，成为热门"打卡点"。"打卡"是网络新语，原指把磁卡放在磁卡机上读取相关内容，后来引申为到了某一旅游景点。这里的热门"打卡点"，是指热门景点。因此，选项 A 符合题意；选项 B、C 只是良渚遗址的一个方面；选项 D 对话中没有提到。

8. 正确答案是 B。这段话一开始就说"一对老夫妇住进了我对门"，说明说话人与老人是邻居关系。因此，选项 B 符合题意。

9. 正确答案是 B。从这段话中可知，老人是说话人的邻居，他们是在老人取报纸的时候见面的，报箱是挂在楼道里的，所以他们见面的地点是在楼道。因此，选项 B 符合题意。

10. 正确答案是 D。从这段话中可知，老人的报箱没有上锁，是用铜线弯成圆圈，拴住箱门的，在说话人一再提醒之下，老人才说出自己的看法：现在家家都有报箱，小区很安全，邻里之间应该相互信任。因此，选项 D 符合题意。"……，再说，……"这一结构常用来表达说话人要更进一步说明原因或自己的观点。

第三节 人物职业

扫一扫，听录音

第一部分

说明：1～5题，这部分试题都是两个人的简短对话，第三个人根据对话提出一个问题，请你在四个备选答案中选出唯一恰当的答案。

1. A 电工
   B 保安
   C 修理工
   D 快递员

2. A 保安
   B 律师
   C 医生
   D 交警

3. A 记者
   B 作家
   C 教师
   D 公务员

4. A 设计师
   B 美发师
   C 建筑师
   D 理疗师

5. A 警察
   B 医生
   C 秘书
   D 公务员

第二部分

说明： 6～10题，这部分试题中，你将听到一段长对话和一段讲话。每段话之后，你将听到几个问题，请你在四个备选答案中选出唯一恰当的答案。

6. A 记者
   B 作家
   C 导演
   D 科学家

7. A 即将扩版
   B 是一本科学杂志
   C 是一档讲故事的栏目
   D 是一档探索自然的栏目

8. A 很热心
   B 自学成才
   C 身体不好
   D 生活很苦

9. A 他吸引来的
   B 技术人员送的
   C 蜜蜂自己来的
   D 他在外面遇到的

10. A 农民
    B 教师
    C 技术员
    D 网店店主

第四单元 人物关系、身份、职业判断

答案

1. C   2. D   3. A   4. B   5. B   6. C   7. A   8. A   9. C   10. A

即练即讲

1. 正确答案是C。从女的的话中可知她家的下水道堵了,男的说他也"没辙",意思是没有办法,他让女的给小王打电话,意思是请小王来修,由此可推断,小王应该是修理工。因此,选项C符合题意。

2. 正确答案是D。对话中,男的让女的出示驾照,由此可推断,男的应该是交警。因此,选项D符合题意。

3. 正确答案是A。从男的的话中可知,他女儿的工作包括两方面内容:一是写东西,二是出差。这说明他女儿可能是记者,也可能是作家,后面又补充说女儿去北京采访"两会"了,"采访"是记者的主要工作。因此,选项A符合题意。

4. 正确答案是B。从对话内容和"打理""发质""发量"这些关键词可知,他们在讨论做头发的问题,男的还说帮女的设计,由此可推断,男的是美发师。因此,选项B符合题意。

5. 正确答案是B。从对话中的关键词"急诊"可推断,哥哥应该是医生。因此,选项B符合题意。

6. 正确答案是C。女的称呼男的"李导",由此可知,男的应该是"导演"。除此以外,还可以根据"栏目""开播""观众"等词语判断这是一个与电视栏目有关的话题,进一步说明男的应该是"电视导演"。因此,选项C符合题意。

7. 正确答案是A。这道题考查的是考生的综合判断能力。通过女的的话可知,《探索·发现》是一档电视栏目,可排除选项B;男的说他们通过讲故事,设置悬念,运用声、光、电等技术手段,探索自然界的奥秘,讲述历史事件背后的细节和人物的命运,讲故事和探索自然都只是这个栏目的一部分手段或内容,可排除选项C、D;对话最后女的和男的谈的是扩版后《探索·发现》的变化,选项A符合题意。

8. 正确答案是A。这段话讲述了任光文通过养蜂发家致富的故事。从这段话中可知,任光文"精神矍铄,整天不知疲倦地忙碌着",说明他的身体很好,可排除选项C;他曾经前往四川学习养蜂技术,并不是自学成才,可排除选项B;任光文年轻的时候吃过很多苦,现在通过养蜂过上了好日子,可排除选项D;他教会很多人养蜂,收了很多徒弟,说明他很热心,选项A符合题意。

9. 正确答案是 C。这段话中的"一群迷路的蜜蜂飞停在他家筑巢"说明蜜蜂是自己来的。因此，选项 C 符合题意。

10. 正确答案是 A。关于任光文的职业，从这段话中可听到几个信息：一是他养过蚕，种过庄稼；二是他养蜜蜂；三是他教会很多人养蜜蜂。"养蚕""种庄稼""养蜜蜂"都是农民做的事，选项 A 符合题意；虽然他有很多徒弟，但是他的职业不是教师，可排除选项 B；虽然他学了养蜂技术，但他不是技术员，也没有开网店，可排除选项 C、D。

第四节　单元测试

扫一扫，听录音

第一部分

说明：1～10题，这部分试题都是两个人的简短对话，第三个人根据对话提出一个问题，请你在四个备选答案中选出唯一恰当的答案。

1. A 同事
   B 母子
   C 夫妻
   D 陌生人

2. A 教练
   B 教师
   C 学生
   D 武术家

3. A 同事
   B 朋友
   C 家人
   D 老板和员工

4. A 教练
   B 导游
   C 运动员
   D 新闻记者

5. A 作家
   B 教授
   C 研究生
   D 乘务员

6. A 同学
   B 同事
   C 夫妻
   D 医生与患者

7. A 老板与员工
   B 经理与下属
   C 雇主与保姆
   D 招聘者与应聘者

8. A 售货员
   B 房产中介
   C 酒店经理
   D 汽车销售

9. A 夫妻
   B 同学
   C 母子
   D 同事

10. A 律师
    B 退休职工
    C 女的的同事
    D 饭店的老板

第二部分

说明：11～20题，这部分试题中，你将听到两段长对话和两段讲话。每段话之后，你将听到几个问题，请你在四个备选答案中选出唯一恰当的答案。

11. A 师生
    B 领袖和群众
    C 家长和孩子
    D 主持人和嘉宾

12. A 如何成为领袖
    B 如何领导一个团队
    C 如何进行团队沟通
    D 如何让孩子有领袖气质

13. A 让孩子更聪明
    B 让孩子更成功
    C 让孩子受人欢迎
    D 让孩子成为领袖

14. A 作家
    B 艺术家
    C 建筑工人
    D 建筑设计师

15. A 相互冲突
    B 技术是核心
    C 艺术更重要
    D 属于同一层面

16. A 正在读博士
    B 面临资金困难
    C 注重建筑设计的实施
    D 他的作品工人做不出来

17. A 经常逃课
    B 变化很大
    C 不是好学生
    D 不喜欢交朋友

18. A 拍电影
    B 做生意
    C 当外交官
    D 当学生会主席

19. A 很自信
    B 很没礼貌
    C 掉进了圈套
    D 对乐谱不熟悉

20. A 他的耳朵很好
    B 他发现了错误
    C 他敢于质疑权威
    D 他的演出很成功

（答案及解析见书后）

第五单元

语气与态度判断

方法与策略

语气与态度判断要求考生判断说话人的语气、态度，或者通过其语气、态度判断说话人的真正意思。

语气与态度判断题的提问方式主要有"男的/女的/说话人是什么语气？""男的/女的/说话人是什么态度？"等。

某些句子形式虽然相同，但是说话人语气不同，句子的含义是有差别的。要想辨别说话人的语气，就应该注意说话人说话的具体语境。比如"你真行啊！"在不同的语境下可以表示表扬、肯定、称赞，也可以表示批评、讽刺、不满。例如：

男：电脑修好了，重启就可以用了。

女：你真行啊！看不出来你还是电脑高手。

问：女的是什么语气？

A 称赞　　　　　　B 后悔　　　　　　C 伤心　　　　　　D 批评

正确答案是 A。从对话中可知，男的帮女的修好了电脑，在这种语境下，女的对男的进行了称赞，是肯定、称赞的语气。

再如：

女：你在干什么呢？

男：在打游戏，再等一会儿就好了。

女：你真行啊！明天就要考试了，你还有时间打游戏？

问：女的是什么语气？

A 称赞　　　　　　B 后悔　　　　　　C 伤心　　　　　　D 批评

正确答案是 D。从对话中可知，明天就要考试了，可男的还在打游戏，结合语境很容易判断女的对男的进行了批评，是批评、讽刺的语气。

一些惯用说法和副词、连词也会影响对语气与态度的判断，应准确把握这些惯用说法和副词、连词的意思及其体现的语气特点。例如：

女：麻烦你把这个文件送到 301 办公室。

男：难道办公室没别人了吗？偏偏让我去。

问：男的是什么态度？

A 高兴　　　　　　B 生气　　　　　　C 后悔　　　　　　D 着急

正确答案是 B。对话中"难道"和"偏偏"两个副词起到了加强语气的作用，很明显地表达了男的生气、不满的态度。

第五单元 语气与态度判断

再如：

男：唉，我今天发挥得不好，这次考试肯定不及格。

女：没事，这次考试非常难，更何况你最近生病了，状态不好。

问：女的是什么态度？

A 担心　　　　　　B 伤心　　　　　　C 生气　　　　　　D 安慰

正确答案是 D。男的说自己没发挥好，认为自己考试肯定不及格。女的为他找了两个理由：一个是这次的考试很难，另一个是他最近生病了，状态不好。女的用"更何况"加强语气表示更进一层，她是在安慰男的：即使考试不及格也不怪他。

★关于语气与态度判断题的答题方法和策略，有以下几点建议供大家参考：

1. 抓住体现说话人语气与态度的关键词。

理解所听到的对话或讲话的基本大意，跨越障碍，抓住其中能体现说话人语气、表明说话人态度和目的的关键信息和重要细节。

2. 注意对话或讲话的具体语境。

根据不同语境来准确判断说话人的语气、态度。

3. 积累一些常见语气与态度的类型及相关表达。

常见语气与态度的类型有：惊讶、不满、惋惜、担心、称赞、生气、气愤、害怕、无所谓、失望、犹豫、高兴、猜测、观望、忧郁、希望、关心、询问、催促等。相关表达可参见本单元"知识库"。

知识库

表 5-1　常见语气与态度的类型及相关表达

语气与态度的类型	相关表达
惊讶/意外	竟然　居然　做梦也没想到　太阳从西边出来了　真没想到　谁都想不到　太意外了　太突然了
不满	真是的！　真差劲！　不像话！　怎么搞的？　这种事亏你干得出来！　怎么能这样？　怎么没……啊？
惋惜	好好的，怎么成这样了呢？
担心	恐怕　心里老七上八下的　到底怎么样了？
称赞/赞叹	到底是……，就是不一样　……就是……　真行　没的说

续表

语气与态度的类型	相关表达
气愤/生气	怎么搞的？ 气死我了！ 太过分了！
不在乎/无所谓	反正 没什么大不了的 不就……吗？ 走就走 爱怎样就怎样 随你的便 由他去吧
失望	说也是白说 当耳旁风 我算是看透了 别提了 想不到结果会是这样
犹豫/矛盾	去还是不去？ 拿不定主意 让我再考虑考虑
着急/催促	到底 究竟 你倒是说话呀！ 急死人了 怎么还不来？
无奈	只好 就当花钱买个教训 那……才行啊 我有什么办法？ 我能怎么办？ 你叫我怎么办？
庆幸	差点儿 好在 幸亏 幸而 多亏
羡慕	你看人家 要是像他一样就好了 我也想和你一样 你是我们学习的榜样
责备/批评	你怎么搞的？ 这点儿事都做不好
后悔	早知道 当初不该
坚决	铁了心了 谁说也没用 宁可……也不…… 宁可……也要……
不相信/怀疑	算了吧 不可能 绝无此事 怎么可能……呢？ 从没听说过 也许 大概 不会吧？ 谁说的？ 我再确认一下
原谅/谅解	过去的事就让它过去吧 握手言和 这次就算了
否定	我哪知道？ 哪能呢？ 那哪成？ ……什么呀？
同意/赞成	那还用说？ 谁说不是呢？ 可不是 可不
反对	话可不能这么说
拒绝	有点儿难办 不行
有把握	必定 必然 准 一定 这事看我的 绝对没问题 这有什么难的？ 包在我身上 打包票
感谢/感激	要不是你

第一节 语气与态度(一)

第一部分

说明：1~5题，这部分试题都是两个人的简短对话，第三个人根据对话提出一个问题，请你在四个备选答案中选出唯一恰当的答案。

1. A 高兴
   B 猜测
   C 犹豫
   D 气愤

2. A 高兴
   B 着急
   C 怀疑
   D 自信

3. A 他不年轻了
   B 他确实年轻
   C 他知道自己年轻
   D 他觉得年轻很好

4. A 不想换工作
   B 还没有考虑好
   C 已经换了工作
   D 目前正在找工作

5. A 安慰
   B 希望
   C 不满
   D 同情

第二部分

说明：6～10题，这部分试题中，你将听到一段长对话和一段讲话。每段话之后，你将听到几个问题，请你在四个备选答案中选出唯一恰当的答案。

6. A 担心
   B 鼓励
   C 嘲笑
   D 肯定

7. A 生气
   B 高兴
   C 肯定
   D 怀疑

8. A 如何看待加班
   B 有无工作经历
   C 对待遇有什么要求
   D 怎么处理与同事的关系

9. A 员工必须有个性
   B 诚信是企业的生命
   C 公司应该为员工着想
   D 公司利益就是个人利益

10. A 为人大方
    B 能承受压力
    C 具有创新精神
    D 懂得从自身找原因

第五单元 语气与态度判断

答案

1. D   2. B   3. A   4. A   5. C   6. A   7. D   8. A   9. D   10. D

即练即讲

1. 正确答案是 D。本题主要考查的是考生能否理解"哪儿"的反问用法，以及"纯粹是……"句式的意思及其所表示的语气。男的用"你这哪儿是提问？"这个反问句否定了女的提问的动机，认为她这不是正常的提问。"纯粹是故意刁难人"中"刁难"的意思是故意使人为难，"纯粹"在这里表示判断、结论的不容置疑，加强语气。"纯粹是……"后面带上含有贬义色彩或消极意义的表达形式时，带有强烈的气愤语气。因此，选项 D 符合题意。

2. 正确答案是 B。本题主要考查的是考生能否理解"还……呢"表达式的意思及用法，另外也要明确"有眉目"和"乱套"的意思。关键表达式"还……呢"是反问强调语气，意思是根本没有达到这种程度或地步，还差得很远。"有眉目"的意思是有了一些头绪，已经看到成功的希望了。"乱套"是说事情乱了次序或秩序。在这样的语境中，很明显女的表达的是着急的语气。因此，选项 B 符合题意。

3. 正确答案是 A。本题主要考查的是考生能否理解反问语气"年轻？"。男的用反问语气表达否定的意思，即不年轻了，之后他又用自己的年龄和孩子已经上小学来补充说明自己已经不年轻了。因此，选项 A 符合题意。

4. 正确答案是 A。本题主要考查的是考生能否理解反问句"还能……什么呢？"。它表达的是否定的意思，即不能，"还能要求什么呢？"意思是不能要求更多了。男的问女的想不想换工作，女的用这种反问的方式告诉男的她不会离开。此外，根据女的说的"公司已经对我够好的了"，也可以基本确定答案。因此，选项 A 符合题意。

5. 正确答案是 C。本题主要考查的是考生能否理解反问句"怎么能……呢？"。它表达的意思重点不在问问题，而是表示否定和不满。对话中男的工作不认真，没有记住女的的工作安排，女的对此不满意。因此，选项 C 符合题意。

6. 正确答案是 A。本题主要考查的是考生能否理解"恐怕"的用法。女的说这次会议对参会者的要求很高，"恐怕"的后面没有继续说下去。这种情况是她担心以男的的条件参加不了这次会议，但照顾到对方的面子才欲言又止。因此，选项 A 符合题意。

7. 正确答案是 D。本题主要考查的是考生能否理解"不会吧？"的意思。"不会吧？"表示不完全相信对方说的话，心存疑问。男的听到会议要求后说了这句话，说明他有点儿不相信女的的话。因此，选项 D 符合题意。

8. 正确答案是 A。根据出题顺序原则，本题的相关信息在这段话的开头部分。本题的关键句是"你怎么看待加班？"，这是那家公司问应聘者的唯一一个问题。因此，选项 A 符合题意。

9. 正确答案是 D。本题在这段话中的相关信息是紧跟着上一题出现的，符合出题的顺序原则。那个年轻人对面试官表示如果工作需要，自己"会主动加班"，"因为公司的利益就是我的利益"。因此，选项 D 符合题意。

10. 正确答案是 D。根据出题顺序原则，本题的相关信息在这段话的最后部分。本题的重点在于对长难句的理解。"我却找不到一个像他这样懂得自我批评，不找借口，而主动从自身找原因的。"这个句子比较长，语法比较复杂，"找不到一个像他这样……"句式用否定形式加强语气，表达了比较意义，意思是"他是唯一一个……"，突出了那个年轻人的优势。只有选项 D 与这句话重复的词语最多，意思也一致。因此，选项 D 符合题意。

第二节 语气与态度(二)

第一部分

说明：1～5题，这部分试题都是两个人的简短对话，第三个人根据对话提出一个问题，请你在四个备选答案中选出唯一恰当的答案。

1. A 失望
   B 催促
   C 发愁
   D 生气

2. A 失望
   B 担心
   C 害怕
   D 无所谓

3. A 不满
   B 惋惜
   C 担心
   D 称赞

4. A 赞扬
   B 惋惜
   C 失望
   D 反驳

5. A 惊讶
   B 不满
   C 惋惜
   D 赞赏

第二部分

说明:6～10题,这部分试题中,你将听到一段长对话和一段讲话。每段话之后,你将听到几个问题,请你在四个备选答案中选出唯一恰当的答案。

6. A 课程多样
   B 温度合适
   C 淋浴间小
   D 教练水平低

7. A 好奇
   B 满意
   C 冷淡
   D 怀疑

8. A 爱撒谎
   B 神秘兮兮
   C 想象力丰富
   D 很喜欢说话

9. A 关心
   B 讨厌
   C 担心
   D 冷淡

10. A 不满
    B 赞同
    C 无所谓
    D 不认同

第五单元　语气与态度判断

答案

1. B　　2. D　　3. A　　4. D　　5. B　　6. A　　7. B　　8. C　　9. B　　10. D

即练即讲

1. 正确答案是 B。本题主要考查的是考生能否理解"到底"和"你倒是……呀！"的意义和用法。"到底"用在问句中含有着急催促的语气，常常表示说话人急于想知道某事，"你倒是……呀！"也是催促对方做某事。男的在叹气，可能是遇到了令人发愁的事或不知该怎么解决的问题，女的想知道是什么事情，追问"到底出了什么事"，并用"你倒是说话呀！"催促男的赶紧说。因此，选项 B 符合题意。

2. 正确答案是 D。本题主要考查的是考生能否理解"没什么大不了的"和反问句"不就……吗？"的意义和用法。"没什么大不了的"意思是没有大问题，"不就……吗？"是只不过的意思，都表示说话者无所谓的态度。"不就碰破了点儿皮吗？"意思是只不过是碰破了点儿皮，没关系。因此，选项 D 符合题意。

3. 正确答案是 A。本题主要考查的是考生能否理解"怎么搞的？"的意义。"怎么搞的？"表达了说话人不满的态度，后面"连……都……"句式说明不满的原因。男的认为大学教授应该有个比较好的研究室，可现在的研究室他觉得不好，所以不满。因此，选项 A 符合题意。

4. 正确答案是 D。本题主要考查的是考生能否理解"那……才行啊！"和"我有什么办法？"的意义和用法。"那……才行啊！"表示对对方话语的反驳；"我有什么办法？"是反问句，意思是这事不是我的问题，我也没有办法。对话中男的说"那么简单的材料，到现在都没有整理好"，语气中带有无奈和批评的意思。女的反驳说"那也得有人去做才行啊！"，意思是因为没有人做才没有整理好材料，明显不接受男的的批评，接着她又说"我有什么办法？"，更是加强了反驳的语气，意思是这不是她的问题。因此，选项 D 符合题意。

5. 正确答案是 B。本题主要考查的是考生能否理解"真是的！"的用法。"真是的！"一般用于对别人表示不满或抱怨。对话中男的问"他还没到吗？"，女的回答"真是的！"，很明显对迟到的人带有不满的情绪，并且进一步说明"说好 6 点在这儿见面的，现在都快 7 点了，还不见人影"，由此可知，女的是对别人迟到或者失约表示不满。因此，选项 B 符合题意。

6. 正确答案是 A。本题主要考查的是考生能否把握对话中的关键信息。对话中，女的说新开的健身房"更衣室和淋浴间都很宽敞"，可排除选项 C；接着说"课程有瑜伽、拉丁舞、健身操等20多种",选项A符合题意;然后说"教练的水平也很高",可排除选项D;选项B对话中没有提到。

7. 正确答案是B。本题主要考查的是考生能否领会说话人的语气和态度。对话中,男的听说新开的健身房不错,女的给出了肯定回答"是的",接着对那家健身房做出了非常正面的评价——更衣室和淋浴间都很宽敞、课程多样、教练水平高,说明女的对健身房非常满意。因此,选项B符合题意。

8. 正确答案是C。本题主要考查的是考生能否领会这段话中的内容要点或大意。虽然别人认为这个孩子爱撒谎,但从整段话的大意来看,他不是撒谎,而是在想象,可排除选项A,并确定选项C符合题意;"神秘兮兮"虽然出现在这段话中,但只是他捡到硬币拿给姐姐看时的样子,并不代表他经常这样,可排除选项B;这个孩子经常发表另类的看法,但并不意味着他喜欢说话,可排除选项D。

9. 正确答案是B。本题主要考查的是考生能否把握这段话中的关键信息。这段话中的关键句是"希望父亲好好惩罚他,让他改掉令人讨厌的'说谎'习惯",关键词是"令人讨厌"。因此,选项B符合题意。

10. 正确答案是D。本题主要考查的是考生能否把握这段话中的关键信息。本题是这段话的最后一个问题,根据出题的先后顺序,本题的答案在这段话最后的部分。关键句是"对于孩子父亲的惩恶行为,许多人不以为然","不以为然"的意思是不认为是对的,表示不同意。因此,选项D符合题意。

第三节 语气与态度（三）

第一部分

说明：1～5题，这部分试题都是两个人的简短对话，第三个人根据对话提出一个问题，请你在四个备选答案中选出唯一恰当的答案。

1. A 今年出不了国
   B 根本不想出国
   C 问怎么办签证
   D 肯定还能出国

2. A 太晚取不到钱
   B 取款机早坏了
   C 肯定能取到钱
   D 银行还没关门

3. A 称赞
   B 怀疑
   C 讽刺
   D 询问

4. A 后悔
   B 抱怨
   C 感激
   D 着急

5. A 庆幸
   B 后悔
   C 抱怨
   D 害怕

第二部分

说明：6～10题，这部分试题中，你将听到一段长对话和一段讲话。每段话之后，你将听到几个问题，请你在四个备选答案中选出唯一恰当的答案。

6. A 怀疑
   B 开心
   C 羡慕
   D 嫉妒

7. A 看体育比赛
   B 看文化展览
   C 去郊区玩儿
   D 到外地考察

8. A 开车去过郊区
   B 现在坐班车上下班
   C 学会开车的时间不长
   D 不想让女的坐他的车

9. A 是四川人
   B 去买菜了
   C 和说话人是老乡
   D 拿了店里10元钱

10. A 感到不安
    B 身体不适
    C 吃得太多
    D 饭菜不好吃

第五单元　语气与态度判断

答案

1. A　　2. C　　3. A　　4. C　　5. A　　6. B　　7. C　　8. C　　9. C　　10. A

即练即讲

1. 正确答案是 A。本题主要考查的是考生能否理解"……什么呀？"的意义和用法。反问句"……什么呀？"常常表示否定或阻止。男的说"出什么（国）呀？"，意思是出不了国，接着又说"到现在签证还没办下来呢"，进一步说明出不了国的原因。因此，选项 A 符合题意。

2. 正确答案是 C。本题主要考查的是考生能否理解"还怕……？"的意义和用法。"还怕……？"是一个形式否定意义肯定的反问句，意思是不用怕，不用担心，肯定能。男的说"到处都是自动取款机"，说明能取到钱的条件，接着说"还怕取不到钱？"是以反问句加强语气，意思是肯定能取到钱。因此，选项 C 符合题意。

3. 正确答案是 A。本题主要考查的是考生能否理解"那还用说？"和"……是谁啊！"的意义和用法。反问句"那还用说？"意思是理所应当如此，不用说也知道；"……是谁啊！"与"那还用说？"处在同一语境中时，表示称赞某人。从男的的话中可知，张总"有两下子"，意思是说张总很有本事，十分能干，"项目说搞就搞起来了"中，"说……就……"是一个常用的表达形式，是指行动迅速，短时间内就开始、实现或完成了。女的用"那还用说？"表示同意男的的说法，接着说"张总是谁啊！"，称赞张总。因此，选项 A 符合题意。

4. 正确答案是 C。本题主要考查的是考生能否理解"要不是……"句式的意义和用法。"要不是……"意思是如果不是这样，表示假设与事实相反的情况。男的说"要不是你提醒我，这件事肯定又搁下了"，由此可知，女的已经提醒男的了，所以这件事没有搁下。男的是在感谢女的，只不过是以假设如果女的没提醒他，会出现不好的结果的间接方式来表达的，这样的表达效果往往更有力。因此，选项 C 符合题意。现在这件事没有被搁下，是好的结果，因此，选项 A、B、D 不符合题意。

5. 正确答案是 A。本题主要考查的是考生能否理解"早知道……，就不……"和"好在……"的意义和用法。"早知道……，就不……"意思是如果之前知道会有不好的结果，就不会那样做，常用来表达后悔的语气；"好在……"表示具有某种有利的条件或情况，常用来表达庆幸的语气。女的的意思是如果之前知道这种药的副作用这么大，她就不会吃了，她显然是后悔自己吃了这种药。男的说"好在没出什么大问题"，意思是虽然这种药有副作用，但庆幸的是没出什么大问题。因此，选项 A 符合题意。

6. 正确答案是B。本题主要考查的是考生能否领会对话中说话人的语气和态度。听说男的买车了后，女的先说了个问句"你买车了？"，表示她很意外，有些疑惑，接着说"太好了！恭喜你！"，说明她很开心。因此，选项B符合题意。

7. 正确答案是C。本题主要考查的是考生能否把握对话中的具体信息。看到四个选项，可推断本题跟做什么活动有关，带着这个信息去听对话就能提高答题准确率。女的说"下周末咱们公司全体去郊区玩儿"。因此，选项C符合题意。

8. 正确答案是C。本题主要考查的是考生能否领会对话中的内容要点或大意。男的买了车，所以现在每天开车上班，不坐班车了，可排除选项B；他说自己是新手，刚拿到驾照没多久，也就是说，他学会开车的时间不长，选项C符合题意；女的说下周末公司全体去郊区玩儿，问男的要不要自己开车去，男的回答他没开车去过郊区，可排除选项A；女的问能不能坐男的的车，男的回答没问题，想坐的时候尽管说，可排除选项D。

9. 正确答案是C。本题主要考查的是考生能否领会这段话中的内容要点或大意。根据这段话可知，饭馆的名字叫"品四川"，但这个女孩儿并不一定就是四川人，可排除选项A；由"和她一聊才知道，我们居然是老乡"可知，选项C符合题意；这个服务员在结账的时候多找给他们10元钱，并不是她拿了店里10元钱，可排除选项D；这对夫妻问老板那个女孩儿去哪儿了，老板支支吾吾地说她去买菜了，后来他们通过别的服务员知道那个女孩儿被开除了，由此可知，老板说了假话，可排除选项B。

10. 正确答案是A。本题主要考查的是考生能否领会这段话中的内容要点或大意。做这道题的关键是要弄清故事的来龙去脉、前因后果。根据这段话可知，说话人和妻子去一家饭馆吃饭，由于服务员多找了钱，他们出于好心，把钱退了回去，但是没想到服务员却因此被辞退了，所以他们对那个服务员很抱歉，感到不安而吃不下饭。因此，选项A符合题意。

第四节　单元测试

第一部分

说明：1～10题，这部分试题都是两个人的简短对话，第三个人根据对话提出一个问题，请你在四个备选答案中选出唯一恰当的答案。

1. A 不想现在开始
   B 嫌男的不说话
   C 由男的来决定
   D 等男的一起做

2. A 情况没有变化
   B 情况不断变化
   C 老板没有说话
   D 老板说话不算数

3. A 同情
   B 赞同
   C 怀疑
   D 劝说

4. A 不满
   B 后悔
   C 轻视
   D 庆幸

5. A 没内容
   B 水平高
   C 他不想说
   D 让人不服气

6. A 满意
   B 担忧
   C 失望
   D 着急

7. A 失望
   B 盼望
   C 惊喜
   D 满足

8. A 赞成
   B 拒绝
   C 不满
   D 理解

9. A 意外
   B 不满
   C 失望
   D 抱歉

10. A 打印机没修好
    B 打印机容易坏
    C 不相信打印机又坏了
    D 他可以把打印机修好

第二部分

说明：11～20题，这部分试题中，你将听到两段长对话和两段讲话。每段话之后，你将听到几个问题，请你在四个备选答案中选出唯一恰当的答案。

11. A 打游戏了
    B 熬夜工作了
    C 被同屋打扰了
    D 跟朋友打电话了

12. A 容忍
    B 不满
    C 支持
    D 理解

13. A 富有责任心
    B 多跟孩子交流
    C 真心地爱孩子
    D 平等地对待孩子

14. A 应该严格要求孩子
    B 及时发现孩子的问题
    C 一定要培养孩子的特长
    D 帮孩子建立自信很重要

15. A 不想激励孩子
    B 孩子表现太差
    C 帮孩子改正错误
    D 对孩子期望太高

16. A 嘲笑小马
    B 讨厌小马
    C 提醒小马
    D 侮辱小马

17. A 怀疑
    B 担心
    C 吃惊
    D 愤怒

18. A 不要盲目冲动
    B 不要侮辱别人
    C 路上要注意安全
    D 开车要看清前方事物

19. A 觉得可惜
    B 表示赞成
    C 愿意学习
    D 感到失望

20. A 愉快
    B 苦闷
    C 伤心
    D 气愤

（答案及解析见书后）

第六单元
推理判断

方法与策略

推理判断题是听力理解考试中难度较大的一类试题。说话人采用比较含蓄的方法表达内容或意图，通过语音、语调和重读等语音手段或反问、比较、强调、假设、转折等手段表达怀疑、肯定、否定、赞同、不耐烦、感叹等意义。这种题型要求考生在听懂原文的基础上，利用语音、语调、语法、常识等进行逻辑推理和判断，辨别说话人的观点、意图、态度、要求等。

推理判断题的提问方式主要有"说话人最可能是什么关系？""对话最可能发生在哪里？""男的/女的是什么意思？""根据对话/这段话，下列哪一项正确？""根据对话/这段话，我们知道什么？"等。

推理判断题有以下几个特点：

1. 正确答案一般不直接出现在对话或讲话中，考生必须在听懂对话的基础上，依据听到的信息，进行逻辑推理，才能选出正确答案。例如：

女：我最近嗓子痒，一吃饭就疼，很不舒服。

男：张开嘴，我看看你的喉咙。……是嗓子发炎了，我给你开点儿消炎药，过几天就好了。

问：说话人最可能是什么关系？

A 老师和学生　　　　B 医生和护士　　　　C 医生和病人　　　　D 老板与员工

正确答案是 C。对话中虽然没有出现"大夫""医生""病人"等明确表示人物身份的词语，但通过对话中的关键信息"嗓子痒""疼""不舒服""看看你的喉咙""发炎""开点儿消炎药"可以推断，说话人是医生和病人的关系。

2. 推理判断题的线索包含面比较广，涉及对语法、语气、态度、逻辑、言外之意等的理解。例如：

女：爸爸，这盘棋你又输了。

男：不对，应该是这盘棋我还没有赢。

问：男的是什么意思？

A 生气了　　　　B 已经赢了　　　　C 承认输了　　　　D 还有机会赢

正确答案是 D。从女的的话中看，男的输了棋，但这不是男的的意思，男的首先反驳女的说"不对"，接着说"这盘棋我还没有赢"，意思是他认为自己没有输，只是还没有赢，言外之意就是还有赢的机会。选项 A 对话中没有体现；选项 B 与事实相反；选项 C 是事实上的输，并不是男的想表达的意思。

可见这类题目首先要理解对话或讲话的大意，在此基础上，要特别注意说话人的语气及其真实的意图。

常见推理判断的线索可参见本单元"知识库"。

3. 有些推理判断题的四个选项中，用于迷惑考生的干扰选项往往有一部分与对话或讲话中的内容重合，如做某件事情的人、事情发生的地点等，用这些重合内容张冠李戴，如果考生只抓住某些片段，在不理解对话或讲话内容的情况下，很容易会被误导。例如：

男：听说小李放弃了外企的高薪工作，去山区支教了。

女：真让人佩服，换了我可做不到。

问：根据对话，我们知道什么？

A 小李以前是教师　　　　　　　　　　B 男的去山区支教了

C 女的没有去山区支教　　　　　　　　D 女的很佩服小李获得了外企的高薪工作

正确答案是 C。选项中有很多干扰内容，"去山区支教""外企的高薪工作"都与对话内容有部分重合。选项 A 对话中并没有提及，也无法推断小李以前是教师；选项 B 是张冠李戴，是小李去支教而不是男的去；选项 D 也是张冠李戴，女的佩服的是小李放弃高薪工作去山区支教，并不是佩服小李获得了外企的高薪工作；女的说"换了我可做不到"，意思是女的不会放弃高薪工作去山区支教，由此可推断，女的没有去山区支教。

★关于推理判断题的答题方法和策略，有以下几点建议供大家参考：

1. 听录音前首先快速浏览四个选项，对即将听到的内容做一个大概的预测。

首先，考生可以抓住两个时间点进行快速浏览：一是利用播放听力理解说明部分的时间，二是利用答题间隙 15～20 秒的时间。

其次，考生可以通过选项对即将听到的内容进行预测。问题主要从六个方面进行设计，即何人、何时、何地、何事、何因、如何等。通过选项，考生可以预测到一些与听力材料相关的内容。例如：

A 师生　　　　　B 邻居　　　　　C 同事　　　　　D 同学

根据这四个选项，考生可以预测这道题是询问说话人的关系。

再如：

A 飞机　　　　　B 火车　　　　　C 自行车　　　　D 公交车

根据这四个选项，考生可以预测这道题是询问交通方式。

通过听前预测，考生可以有效锁定对话或讲话的主题。

2. 捕捉关键信息，理解听力材料的大意和内涵。

关键信息包括重点句、透露说话人身份的关键词、否定表达、行业特色词语等。例如：

女：你别着急，我再看看化妆品，一会儿就好了。

男：别忘了，还有 20 分钟电影就要开始了。

问：男的是什么意思？

A 提醒女的注意时间　　　　　　　　　B 忘了电影开始的时间

C 愿意等女的，不着急　　　　　　　　D 不同意女的买化妆品正确答案是 A。本题主要考查的是考生对重点句的理解。女的要看看化妆品，男的说"别忘了，还有 20 分钟电影就要开始了"，他没有直接告诉女的时间不早了，再不走就来不及了，而是通过委婉的方式提醒女的看电影不要迟到，因此，选项 A 符合题意。选项 C 与选项 A 意思相反，选项 B 与事实不符，选项 D 对话中没有提到。

知识库

表 6-1　常见推理判断的线索

推理判断的类型	线索
语法类	否定　反问　比较　强调　假设　转折
语气、态度类	怀疑　肯定　否定　赞同　不耐烦　感叹
逻辑类词语及表达	不只　另外　除了　同时　特别是　而且　甚至　也就是说　具体来说　例如　总的来说　说白了
言外之意类表达	那还用说　哪能呢　别着急下结论

第六单元 推理判断

第一节 关系推理

扫一扫，听录音

第一部分

说明：1～5题，这部分试题都是两个人的简短对话，第三个人根据对话提出一个问题，请你在四个备选答案中选出唯一恰当的答案。

1. A 没看过
   B 不想看
   C 在尽力看
   D 没时间看

2. A 小李可能会辞职
   B 小李是在开玩笑
   C 小李已经辞职了
   D 小李在联系出国

3. A 王辉现在不在
   B 女的打错电话了
   C 王辉不想接电话
   D 王辉无法接电话

4. A 电影早结束了
   B 女的不会开车
   C 他们打算回家
   D 他们已经迟到了

5. A 去过北京
   B 要做个好人
   C 打算去爬长城
   D 已经是一名好汉

第二部分

说明：6～10题，这部分试题中，你将听到一段长对话和一段讲话。每段话之后，你将听到几个问题，请你在四个备选答案中选出唯一恰当的答案。

6. A 夫妻
   B 兄妹
   C 同事
   D 师生

7. A 皮肤不好
   B 经常去春游
   C 对水果美容有研究
   D 喜欢跟别人聊天儿

8. A 损害心理健康
   B 提高办事效率
   C 很难处理信息
   D 增加多种知识

9. A 躲避事情
   B 节约话费
   C 努力工作
   D 清醒头脑

10. A 信息与科学
    B 信息与健康
    C 信息与工作
    D 信息与社会

第六单元　推理判断

答案

1. B　　2. A　　3. B　　4. D　　5. C　　6. C　　7. C　　8. A　　9. D　　10. B

即练即讲

1. 正确答案是B。男的问女的"你不想再读一遍我写的诗歌吗？"，"再读"说明女的已经读过了，可排除选项A、C；女的说她已经尽力了，说明她读男的写的诗歌读得非常吃力，接着她说"实在抱歉"，这是委婉地拒绝男的的提议，由此可知，她不想再看男的的诗歌了，选项B符合题意；选项D对话中没有提到。

2. 正确答案是A。本题主要考查的是考生能否理解"开玩笑"的意义和用法。"开玩笑"是指说的话不是真实的。女的说小李"肯定是在开玩笑"，意思是她认为小李要辞职的消息不是真的，男的问女的"怎么那么肯定？"，提出疑义，接着说据他所知，小李正在跟一些单位联系，也就是说，小李在为辞职做准备，所以男的认为小李有可能辞职。因此，选项A符合题意。

3. 正确答案是B。女的一开始说"喂，您好"，由此可知，两个人是在打电话。女的想找王辉，男的说他们那儿没有名字叫"王辉"的人，由此可推断，女的是打错电话了。因此，选项B符合题意。

4. 正确答案是D。本题主要考查的是考生能否通过关键信息把握对话发生的情境，从而推断出正确答案。从男的说的"你让我来开"可知，对话发生在车上，女的在开车。男的说要是照他说的路线走，现在他们已经坐在电影院里看了半个小时电影了，由此可推断，他们是要去电影院，而且电影已经开演半个小时了，他们迟到了。因此，选项D符合题意。

5. 正确答案是C。"别说是……，连……都没……"连接具有递进关系的两个分句，表示后边的内容都没有实现，前边的内容就更不可能了。男的说"别说是长城了，就连北京我都没去过"，意思是说他没去过北京，更没有爬过长城，可排除选项A。女的说"不到长城非好汉"，男的说"看来，我应该当一回好汉了"，意思是说他应该去爬一次长城。因此，选项C符合题意。

6. 正确答案是C。本题主要考查的是考生能否把握对话中的具体信息并进行推理判断。女的说"你不记得上次咱们单位春游，你带她去了？"，由"咱们单位"可推断，他们是同事关系，选项C符合题意；两人说话时很客气，如"招待不周，请多多包涵""你太客气了"等都是客套话，由此可判断，两人不是夫妻关系，可排除选项A；由对话内容可知，男的的妹妹另有其人，可排除选项B；选项D对话中没有相关信息。

7. 正确答案是 C。本题主要考查的是考生能否领会对话中的内容要点或大意。从"我妹妹恨不得每天吃上八九种水果""怪不得你妹妹皮肤那么好,原来是水果的功劳""她呀,说起这些头头是道的,还真像个美容专家呢"等话语可推断,男的的妹妹对水果美容很有研究,选项 C 符合题意;由"怪不得你妹妹皮肤那么好"可排除选项 A;对话中只提到男的带他妹妹参加过他单位的春游,并没有说他妹妹经常去春游,可排除选项 B;选项 D 对话中没有提到。

8. 正确答案是 A。本题主要考查的是考生能否把握这段话中的关键信息。这段话中提到"接收过量的信息会使人变得孤独,也会导致人际关系变差,有损心理健康"。因此,选项 A 符合题意。

9. 正确答案是 D。本题主要考查的是考生能否把握这段话中的关键信息。这段话中提到"每星期还要把手机关上一段时间,让别人找不到你,从而让你自己有时间清醒头脑",选项 D 符合题意;选项 A "躲避事情"是对"让别人找不到你"这句话的曲解;选项 B、C 这段话中均没有提到。

10. 正确答案是 B。本题主要考查的是考生能否领会这段话的主旨大意。这段话先谈到大量的信息充满了我们的生活,接着讲研究表明接收过量的信息有损心理健康,最后讲了如何避免这些问题以及有效保护自己的方法,总而言之,整段话是在讲信息与健康的问题。因此,选项 B 符合题意。

第二节 信息推理

扫一扫，听录音

第一部分

说明：1～5题，这部分试题都是两个人的简短对话，第三个人根据对话提出一个问题，请你在四个备选答案中选出唯一恰当的答案。

1. A 不够专业
   B 水平很高
   C 说不上来
   D 还需提高

2. A 可能病了
   B 应该拼命
   C 能评上教授
   D 要注意休息

3. A 还在上大学
   B 工作不对口
   C 不放过机会
   D 争取去进修

4. A 不用着急
   B 她去代替玲玲
   C 这事没法代替
   D 谁去代替玲玲

5. A 出去上班
   B 在家休息
   C 准备饭菜
   D 打扫卫生

第二部分

说明：6～10题，这部分试题中，你将听到一段长对话和一段讲话。每段话之后，你将听到几个问题，请你在四个备选答案中选出唯一恰当的答案。

6. A 演播室
   B 马路上
   C 比赛起点
   D 自行车店

7. A 想获得冠军
   B 锻炼和娱乐
   C 测试自己的耐力
   D 刷新自己的成绩

8. A 吃糖的老鼠都被毒死了
   B 多糖影响了老鼠的健康
   C 糖惯坏了老鼠们的胃口
   D 糖的甜对牙齿伤害很大

9. A 质量和颜色
   B 成分和甜度
   C 功能和质量
   D 功能和成分

10. A 糖是一种慢性毒药
    B 糖的甜会伤害胃口
    C 只顾享受害处极大
    D 糖会影响生育能力

第六单元 推理判断

答案

1. B   2. D   3. B   4. C   5. C   6. A   7. B   8. B   9. D   10. C

即练即讲

1. 正确答案是B。"科班出身"的意思是指接受过专业的正规训练，一般来说专业水平都比较高。女的问男的这幅画儿怎么样，够不够专业水准，男的没有直接回答好或者不好、水平高或者不高，而是跟科班出身的人做了一个比较，认为他们也就是这种水平，以此来说明这幅画儿的水平很高。因此，选项B符合题意。

2. 正确答案是D。男的告诉女的他今天早上4点才睡，女的说"像你这么个拼法"，意思是说男的太拼命、太辛苦，"得累出病来"中的"得"意思是一定会，女的是用这种后果劝告男的注意休息，选项D符合题意；女的只是知道男的这么辛苦是为了评上教授，但并没有他能评上教授的意思，可排除选项C。

3. 正确答案是B。男的说"我学了4年的经济管理，却让我去办公室工作"，由此可推断，男的已经工作了，可排除选项A；男的还说"我的专业什么时候才能派上用场"，"派上用场"是用上的意思，男的的意思是现在他的专业（在工作中）用不上，选项B符合题意；女的说"你不能光发牢骚，机会要靠自己去争取"，由此可推断，男的没有积极争取，而是在发牢骚，可排除选项C；选项D对话中没有提到。

4. 正确答案是C。本题主要考查的是考生能否理解"谁也不能代替谁"的意义。女的说"得病这样的事谁也不能代替谁"，意思是得病这样的事别人没办法代替，只能自己承担。因此，选项C符合题意。

5. 正确答案是C。男的说"一到周末，孩子们回家休息了，咱们老两口儿就该'持证上岗了'"，他说的是周末孩子休息，不是自己休息，可排除选项B；"持证上岗"本义是指工作人员带着证件上班，但在这个对话的语境中，男的说的"持证上岗"不是指上班，而是指为孩子们买菜做饭，可排除选项A；"连……带……"格式表示二者都包括，女的说的"连买带做"是指买菜和做饭，由此可推断，周末老两口儿要为孩子们买菜做饭，选项C符合题意；选项D对话中没有提到。

6. 正确答案是A。本题主要考查的是考生能否把握对话中的关键信息并进行推理判断。对话一开始，男的就说"欢迎收听校园广播"，并告诉大家请到了马老师来和大家聊聊自行车赛的有关问题，由此可推断，采访是在演播室。因此，选项A符合题意。

7. 正确答案是 B。本题主要考查的是考生能否把握对话中的关键信息。女的说"车手们参与这项赛事是为了锻炼身体或者娱乐",选项 B 符合题意;选项 A 对话中没有提到;选项 C、D 对话中虽然提到了,但都不是车手参加比赛的最终目的。

8. 正确答案是 B。本题主要考查的是考生能否把握这段话中的关键信息。这段话中提到"喂加糖食物的老鼠,其生育能力、生存能力和健康状况远不如喂普通食物的老鼠",关键信息是"健康",选项 B 符合题意;这段话中没有说老鼠被毒死,可排除选项 A;糖会惯坏胃口是说话人的看法,不是科学家的观点,可排除选项 C;这段话没有谈到糖对牙齿的伤害,可排除选项 D。

9. 正确答案是 D。本题主要考查的是考生能否把握这段话中的具体信息。这段话中明确提到,科学家"所指的糖的毒,主要是从糖的功能和成分来分析的"。因此,选项 D 符合题意。

10. 正确答案是 C。本题主要考查的是考生能否把握这段话的主旨大意并进行推理判断。问题是"说话人主要想告诉我们什么?",所以要重点关注这段话中说话人的观点。根据"而我认为,糖的毒主要来自糖的甜……让我们变得只知道享受……生活中,有多少人因贪图一时的'甜头',而最后尝尽了苦头"可推断,说话人是想通过糖的甜带来的害处引申到生活中只知享受带来的后果,选项 C 符合题意;选项 A、D 都是科学家的观点,不是说话人想要表达的内容;选项 B 虽然是说话人的看法,但只停留在浅层意义,并不是他真正想要表达的深层意义。

第三节　综合推理

第一部分

说明：1～5题，这部分试题都是两个人的简短对话，第三个人根据对话提出一个问题，请你在四个备选答案中选出唯一恰当的答案。

1. A 不敢买票
   B 不敢报名
   C 不敢保证
   D 不敢参加

2. A 委屈
   B 抱怨
   C 原谅
   D 道歉

3. A 沮丧
   B 厌恶
   C 乐观
   D 急切

4. A 帮助他
   B 原谅他
   C 提醒他
   D 同情他

5. A 向女的道歉
   B 感到很遗憾
   C 感到很意外
   D 对女的不满

第二部分

说明： 6～10题，这部分试题中，你将听到一段长对话和一段讲话。每段话之后，你将听到几个问题，请你在四个备选答案中选出唯一恰当的答案。

6. A 想杀病毒
   B 为了能上网
   C 为了帮助女的
   D 想让电脑速度变快

7. A 系统垃圾太多
   B 桌面图标太多
   C 系统安装的字体太多
   D 开机时加载的程序太多

8. A 有的蜜蜂撞死了
   B 全部苍蝇都找到了出路
   C 苍蝇和蜜蜂都找到了出路
   D 苍蝇和蜜蜂都没找到出路

9. A 很有经验
   B 互相协作
   C 非常教条
   D 特别努力

10. A 凭经验办事
    B 有合作精神
    C 有探索精神
    D 最后共同获救

第六单元　推理判断

答案

1. C　　2. C　　3. A　　4. B　　5. D　　6. D　　7. A　　8. B　　9. C　　10. A

即练即讲

1. 正确答案是C。本题主要考查的是考生能否理解"十拿九稳"和"打包票"的意义和用法，从而推断出说话人的真正用意。"十拿九稳"的意思是很有把握，结果不会出乎预料，"打包票"比喻很有把握或者向别人做保证。女的问男的这次是不是很有把握，男的说不敢打包票，即不敢确定、不敢保证一定会怎么样。因此，选项C符合题意。

2. 正确答案是C。本题主要考查的是考生能否根据语境判断说话人的态度。女的说"过去的事就让它过去吧"，表示女的已经不再生气了，她原谅了男的。因此，选项C符合题意。

3. 正确答案是A。本题主要考查的是考生能否根据语境判断说话人的心情。"还……呢"是反问强调句式，意思是根本没有达到这种程度或地步，还差得远。"喝西北风"意思是没有东西吃，挨饿。女的说她买的股票全赔了，连吃的东西都快要没钱买了，更没钱买车了，由此可推断，女的的心情很沮丧。因此，选项A符合题意。

4. 正确答案是B。本题主要考查的是考生能否领会对话中说话人的语气和态度。"你这个人是怎么搞的？"通常用于表示对对方的不满，通过这句话以及女的说话的语气可推断出她生男的的气了。男的说"都是我的不是"，这里的"不是"是名词，意思是过失、错误，"都是我的不是"表示承认错误。"别往心里去"表示请对方别在意，常用于道歉。因此，选项B符合题意。

5. 正确答案是D。本题主要考查的是考生能否领会对话中说话人的语气和态度。男的说"你还不快点儿啊？"，说明男的嫌女的动作慢，催女的快点儿，因为大家都在等女的来，通过这句话和男的的语气可推断出男的对女的很不满，选项D符合题意；选项A、B、C均与男的的语气不符。

6. 正确答案是D。本题主要考查的是考生能否把握对话中的具体信息。根据对话，男的在下载一个能清理系统垃圾的软件，男的说"装上这个软件，电脑速度会快很多。我的电脑太慢了"，由此可知，他下载这个软件是为了让电脑速度变快。因此，选项D符合题意。

7. 正确答案是A。本题主要考查的是考生能否把握对话中的具体信息。女的说她的电脑也变慢了，问男的下载的软件是否管用，男的说"具体情况具体对待""如果是系统垃圾太多的话，就可以用这个软件清理一下"，言外之意是，如果是其他问题，这个软件就没有用，选项A符合题意；选项B、C、D都是电脑变慢的其他原因，这个软件解决不了。

8. 正确答案是 B。本题主要考查的是考生能否把握这段话中的关键信息。这段话中说"5 只苍蝇全都找到了出路，爬了出来"，与选项 B "全部苍蝇都找到了出路"意思一致，选项 B 符合题意；根据这段话中的"那 5 只蜜蜂则全都撞死了"，可排除选项 A、C、D。选项 C 和选项 D 是非此即彼的关系，实际上这种选项往往是有意设计的干扰项，考生需要格外注意，要以事实为判断依据。

9. 正确答案是 C。本题主要考查的是考生能否把握这段话中的关键信息。这段话中说"蜜蜂根据自己的经验认定：有光源的地方才是出口"，只说明蜜蜂对某事有经验，并非对所有的事都有经验，可排除选项 A；根据"它们在寻找出口时也没有采用互帮互助的方法"，可排除选项 B；根据"蜜蜂属于教条型"以及蜜蜂寻找出口的方式可知，选项 C 符合题意；选项 D 这段话中没有提到。

10. 正确答案是 A。本题主要考查的是考生能否把握这段话中的关键信息并进行推理判断。根据"苍蝇则属于探索型"，可排除选项 C；这段话中说"以苍蝇的智慧，它们就从来不会认为有光的地方才是出口"，与蜜蜂根据自己的经验找出口做对比，由此可推断，苍蝇不是凭经验办事，选项 A 符合题意；根据"合作与学习的精神让它们共同获救"，可排除选项 B、D。

第六单元　推理判断

第四节　单元测试

扫一扫，听录音

第一部分

说明：1～10题，这部分试题都是两个人的简短对话，第三个人根据对话提出一个问题，请你在四个备选答案中选出唯一恰当的答案。

1. A 李元很精明
   B 李元很可靠
   C 李元数学很好
   D 不跟李元打交道

2. A 变化刚开始
   B 发展并不快
   C 迷信活动多
   D 跟上海差距还很大

3. A 生病了
   B 生气了
   C 获奖了
   D 没看晚会

4. A 消息错误
   B 还不相信
   C 确实如此
   D 裙子很漂亮

5. A 没买到票很可惜
   B 明年会比今年好
   C 没什么可遗憾的
   D 明年也买不到票

6. A 车站
   B 商店
   C 家里
   D 机场

7. A 查杀电脑病毒
   B 删除一些软件
   C 清洁电脑外表
   D 升级操作系统

8. A 不用紧张
   B 别怕麻烦
   C 应该害怕
   D 很少遇见

9. A 提纲有问题
   B 领导不同意
   C 等领导意见
   D 已经写完了

10. A 鱼缸有点儿大
    B 整体感觉不好
    C 鱼缸位置要调整
    D 装修风格需改变

第二部分

说明：11～20题，这部分试题中，你将听到两段长对话和两段讲话。每段话之后，你将听到几个问题，请你在四个备选答案中选出唯一恰当的答案。

11. A 小张的论文
    B 小张需要买眼镜
    C 用电脑工作的缺点
    D 电脑影响眼睛的健康

12. A 眼镜坏了
    B 论文写完了
    C 以前不注意保护视力
    D 不知道怎样使用电脑

13. A 上网
    B 招聘
    C 找工作
    D 入学考试

14. A 上网查
    B 看电视
    C 问专家
    D 问老师

15. A 没通过考试
    B 还没有面试
    C 负责招聘工作
    D 找工作有经验

16. A 是一种变相体罚
    B 效果好于"赏识"教育
    C 是一种危险的教育技巧
    D 会打击到学生的自信心

17. A 克服学生的心理缺陷
    B 去掉学生的盲目自信
    C 让学生认识自己的错误
    D 让学生为所犯的错误负责

18. A 无法保护创面
    B 容易导致感染
    C 不能起到疗效
    D 延长止血时间

19. A 经常滋生细菌
    B 适于户外运动
    C 效果并不明显
    D 吸收能力不好

20. A 伤口应该避免泡在水里
    B 及时更换创可贴很必要
    C 要学会正确使用创可贴
    D 手关节部位很容易受伤

（答案及解析见书后）

第七单元
口语格式、惯用语与熟语的理解

方法与策略

本单元主要对 MHK 听力测试中常见的口语格式、惯用语与熟语进行讲解与训练，以期帮助广大考生扩大词汇与固定格式的储备量。

本单元分为三个部分：一是口语格式，二是惯用语，三是其他熟语，包括俗语、谚语、格言、歇后语等。它们虽然不是词的形式，但它们有着共同的特点——结构的固定性和意义的完整性。

结构的固定性是指虽然它们是短语或句子的形式，但却不是可以任意改变的，比如"八竿子打不着"形容二者之间关系疏远或毫无关联，不能说成"八棍子打不着"或者"八竿子碰不着"。再比如"上台阶"比喻社会发展、工作、生产等达到一个新的高度，不能说成"升台阶"或者"走台阶"，这是由词汇约定俗成的特点所决定的。

意义的完整性是指虽然它们不是词的形式，但却和词一样表达完整的意义。一方面，一部分俗语、谚语、格言表达的意思基本上可以由字面意义加以判断。比如："眼不见心不烦"的意思是眼睛看不见心里就不烦恼；"在家靠父母，出门靠朋友"强调朋友的重要性；"谦虚使人进步，骄傲使人落后"是让人保持谦虚，不要骄傲。另一方面，口语格式，惯用语，另一部分俗语、格言、谚语等所表达的意义往往不是大家看到的字面意义，而是加以引申或比喻，或者意义不完整，需要根据上下文进行补充等。其中，惯用语的意义都不是字面意义，大多都是比喻意义。比如："喝西北风"不是字面上显示的喝西北方向的风，而是指没有东西吃，挨饿；"车到山前必有路"是用来比喻事到临头必然会有解决的办法，是用来宽慰处于困境中的人说的话；"咱俩谁跟谁呀？"是指两个人关系特别好，不分彼此；"你别说"仅仅从字面上看是让对方不要说话，但其实它却是用来肯定后边的内容。下面用"你别说"举例：

女：我跑了两个月步了，你看我瘦点儿了吗？

男：你别说，效果还真挺明显。

问：男的是什么意思？

A 女的没瘦　　　　**B** 女的很瘦　　　　**C** 女的瘦了不少　　　　**D** 女的瘦了一点儿

正确答案是 C。"你别说"用来肯定后面的内容，后面男的说效果挺明显，可见女的瘦了不少。

★关于口语格式、惯用语与熟语的理解题的答题方法和策略，有以下几点建议供大家参考：

1. 平时注重对常见口语格式、惯用语与熟语的学习与积累。

首先从发音、结构和意义方面对口语格式、惯用语与熟语加以正确理解和记忆，然后要把握它们的使用场合，也就是一般在什么情况下会用到。比如"包在我身上"是在向对方保证自己会把事情办成或办好，用来让对方放心时使用。

常见口语格式、惯用语与熟语可参见本单元"知识库"。

2. 在进行听力测试的时候，不可避免地会遇到一些以前没有接触过的口语格式、惯用语或熟语，此时可通过字面意义或上下文来猜测它们的意思。

首先，一部分俗语、谚语、格言等的意思就是由字面意义来体现的，不难理解。比如："多一事不如少一事"就是不要多事的意思，"天时不如地利，地利不如人和"是强调人和的重要性。

其次，由引申义或者比喻义来体现的，需要具体的语言环境来准确理解，也可以尝试根据上下文对它们的意思加以判断。不管是短对话、长对话还是简单讲话，都有上下文，都有具体的语言环境，考生可以结合上下文，尝试对字面意义进行恰当的引申、比喻或补充。比如：

男：王平真是好样的，这次得了国家奖学金。

女：种瓜得瓜，种豆得豆。我可是知道他一天到晚都泡在实验室里。

问：女的是什么意思？

A 王平喜欢种东西　　　　　　　　　**B** 王平喜欢做实验

C 王平整天做实验　　　　　　　　　**D** 这是王平勤奋努力的结果

正确答案是D。按照字面意义，"种瓜得瓜，种豆得豆"是种什么收获什么的意思。上文男的说王平得了国家奖学金，显然是王平得到了好的收获。下文女的说王平一天到晚泡在实验室里，显然是说王平很努力、很勤奋，所以才得到了好的收获，并不是单纯表达王平做实验的事情。根据上下文可判断，"种瓜得瓜，种豆得豆"用来比喻付出什么，就得到什么样的结果。

3. 听录音之前一定要先快速浏览一下各个选项。

通过选项中的词汇大体预测一下录音谈论的主题和内容，从而在听录音的时候准确捕捉相关信息。

4. 在听录音的时候，一定要集中注意力，多训练短时记忆的能力，迅速捕捉对话或文章的关键词语与句式。

通过关键词语与句式，再结合上下文对录音的内容进行正确理解，从而对问题做出正确的判断。

知识库

表 7-1　常见口语格式、惯用语与熟语的相关表达

类型	相关表达
口语格式	二话不说　一来二去　说……就……　爱……不……　你别说　别往心里去　没的说　怎么/说什么也得　再……不过了　要多……有多……　闹了半天　可话说回来　一时半会儿　说不过去　……就……　什么……不……的　好说话　要……有……，要……有……　看/瞧把某人……得　看在……的面子上　包在我身上　想到哪儿去了　得了吧　又来了　……是……，就是……　说白了　看着办　……不就得了　还……呢
惯用语	开夜车　碰钉子　打退堂鼓　走下坡路　上台阶　出难题　伤脑筋　走后门　背黑锅　做白日梦　炒鱿鱼　打小报告　打水漂儿　戴高帽　拍马屁　放空炮　磨洋工　唱白脸　唱反调　钻牛角尖　踢皮球　走过场　吃错药　吃老本
俗语	比上不足，比下有余　八字没一撇　八九不离十　便宜没好货，好货不便宜　不打不相识　不到黄河心不死　打开天窗说亮话　鼻子不是鼻子，脸不是脸　不是省油的灯　打肿脸充胖子　不管三七二十一　远水解不了近渴　吃饱了撑的　车到山前必有路　换汤不换药　高不成，低不就　吃了枪药了　眼不见心不烦　吃着碗里的，瞧着锅里的　多一事不如少一事　看人下菜碟　心里一块石头落了地
谚语	世上无难事，只怕有心人　饭后百步走，活到九十九　二八月乱穿衣　一年之计在于春，一日之计在于晨　种瓜得瓜，种豆得豆　人心齐，泰山移　人不可貌相，海水不可斗量　不当家不知柴米贵，不养儿不知父母恩　上有天堂，下有苏杭　桂林山水甲天下　在家靠父母，出门靠朋友
格言	机不可失，时不再来　玉不琢，不成器　天时不如地利，地利不如人和　路遥知马力，日久见人心　不到长城非好汉　用人不疑，疑人不用　良药苦口利于病，忠言逆耳利于行　人无远虑，必有近忧
歇后语	千里送鹅毛——礼轻情意重　哑巴吃黄连——有苦说不出　竹篮打水——一场空　猫哭耗子——假慈悲　骑驴看唱本——走着瞧　猴子捞月亮——白忙一场　丢了西瓜捡芝麻——因小失大　黄鼠狼给鸡拜年——没安好心

第七单元 口语格式、惯用语与熟语的理解

第一节 口语格式

扫一扫，听录音

第一部分

说明：1～5题，这部分试题都是两个人的简短对话，第三个人根据对话提出一个问题，请你在四个备选答案中选出唯一恰当的答案。

1. A 反对这个建议
   B 现在开始行动
   C 讨论后再决定
   D 这事以后再说

2. A 王刚对他不好
   B 他很讨厌王刚
   C 他跟王刚关系很好
   D 他跟王刚没有来往

3. A 赶快点菜吧
   B 他吃什么都行
   C 他什么都喜欢
   D 他什么都不喜欢

4. A 不想干了
   B 工作比较忙
   C 工作压力很大
   D 老板脾气不好

5. A 老王喜欢乱说
   B 老王知识丰富
   C 老王说话用词很难
   D 老王说话没有主题

113

第二部分

说明：6～10题，这部分试题中，你将听到一段长对话和一段讲话。每段话之后，你将听到几个问题，请你在四个备选答案中选出唯一恰当的答案。

6. A 买菜
   B 锻炼
   C 吃早点
   D 买水果

7. A 去早市买菜
   B 去早市吃早点
   C 带朋友去早市
   D 带老伴儿去早市

8. A 拜年
   B 贴春联
   C 大扫除
   D 看春晚

9. A 买玩具
   B 走亲戚
   C 收压岁钱
   D 不用上学

10. A 打电话拜年
    B 发短信拜年
    C 用微信拜年
    D 去别人家里拜年

第七单元 口语格式、惯用语与熟语的理解

答案

1. B　2. A　3. B　4. C　5. D　6. B　7. D　8. A　9. D　10. D

即练即讲

1. 正确答案是 B。"说……就……"表示一旦想好或决定了做某事，就马上去做。男的建议组织一个文学社团，女的同意后说"说干就干"，意思是现在就开始行动。因此，选项 B 符合题意。

2. 正确答案是 A。"跟某人过不去"是指找某人的麻烦。男的说王刚老是跟他过不去，意思是王刚总是找他的麻烦，对他不好。因此，选项 A 符合题意。

3. 正确答案是 B。"没什么……不……的"表示无所谓、不在乎，后面常有"只要……"与它相呼应。女的问男的喜欢吃什么菜，男的说"没什么喜欢不喜欢的，只要能填饱肚子就行"，意思是他吃什么都可以，能吃饱就行。因此，选项 B 符合题意。

4. 正确答案是 C。"动不动"的意思是经常、很容易产生某种行动或情况，多指不希望发生的，常跟"就"连用。男的说公司业绩不好，老板经常发脾气，所以男的很紧张，也就是说男的工作压力很大。因此，选项 C 符合题意。

5. 正确答案是 D。"东一句西一句"指的是一会儿说这事，一会儿说那事，逻辑混乱，说话主题不明确。男的说不明白老王在讲什么，女的说老王说话东一句西一句的，意思是老王说话没有明确的主题，然后女的用反问句"谁能明白？"表示没有人能明白老王的话。因此，选项 D 符合题意。

6. 正确答案是 B。这道题要抓住问题"女的每天早上先干什么？"中的关键词"先"。女的说"我每天早上在公园里锻炼完，顺路就过来了。先吃点儿早点，再买点儿菜、水果什么的带回去"，在女的每天早上做的这些事中，第一件事是"在公园里锻炼"。因此，选项 B 符合题意。

7. 正确答案是 D。"老伴儿"指老年人的丈夫或妻子，"凑热闹"指去热闹的地方看看或参与活动，这里指的就是逛早市。男的最后说"明天我带老伴儿一块儿来凑凑热闹"，意思是明天男的要带老伴儿去逛早市。因此，选项 D 符合题意。

8. 正确答案是 A。这道题要抓住问题"过春节时人们从初一开始干什么？"中的关键内容"从初一开始"。这段话中说"大家从初一早上开始拜年，走亲访友"。因此，选项 A 符合题意。

115

9. 正确答案是 D。这道题要抓住问题"过年时小孩子最高兴的是什么?"中的关键内容"最高兴"。口语格式"要多……有多……"是非常的意思,"要多开心有多开心"是指非常开心。这段话中说小孩子过年时非常开心,因为可以"买玩具,收压岁钱,走亲戚,感受各种热闹",接着说"孩子们最高兴的是,过年不用上学了"。因此,选项 D 符合题意。

10. 正确答案是 D。这道题要抓住问题"传统的拜年方式是怎样的?"中的关键内容"传统的拜年"。这段话中提到"传统的拜年要挨家挨户地去邻居家、亲友家当面说出新年祝福",选项 D 符合题意;选项 A、B、C 都是现在流行的拜年方式。

第二节 惯用语

扫一扫，听录音

第一部分

说明：1～5题，这部分试题都是两个人的简短对话，第三个人根据对话提出一个问题，请你在四个备选答案中选出唯一恰当的答案。

1. A 小李也很忙
   B 小李能帮忙
   C 小李帮不上忙
   D 不需要别人帮忙

2. A 很幽默
   B 很不认真
   C 经常讲笑话
   D 经常出洋相

3. A 被人打了
   B 被解雇了
   C 挨批评了
   D 鱼被人偷了

4. A 女的很漂亮
   B 女的想当明星
   C 男的鼓励女的当明星
   D 男的希望女的考大学

5. A 女的脑子有问题
   B 女的很生孩子的气
   C 女的的孩子脑子有问题
   D 女的为孩子的学习发愁

第二部分

说明: 6～10题,这部分试题中,你将听到一段长对话和一段讲话。每段话之后,你将听到几个问题,请你在四个备选答案中选出唯一恰当的答案。

6. A 吃饭
   B 聊天儿
   C 看电视
   D 打游戏

7. A 一般
   B 不错
   C 不怎么样
   D 只会做简单的菜

8. A 吃
   B 做菜
   C 聊天儿
   D 说了不做

9. A 赞成
   B 担心
   C 反对
   D 不关心

10. A 不好
    B 一般
    C 比较好
    D 没有提

第七单元 口语格式、惯用语与熟语的理解

答案

1. C   2. D   3. B   4. C   5. D   6. B   7. B   8. A   9. B   10. C

即练即讲

1. 正确答案是 C。"帮倒忙"是越帮越忙，反而添麻烦的意思。男的说小李只会帮倒忙，就是说小李不但帮不上什么忙，反而还会添麻烦。因此，选项 C 符合题意。

2. 正确答案是 D。"闹笑话"指的是发生可笑的错误，"出洋相"也是这个意思。因此，选项 D 符合题意。"闹……"往往指发生不好的情况，比如："闹别扭"指彼此有意见而合不来或因不满意对方而故意为难对方；"闹意见"是指因为意见不一致而互相不满；"闹水灾"是发生水灾的意思。

3. 正确答案是 B。回答本题的关键是理解"炒鱿鱼"的含义。鱿鱼一炒就卷了起来，像是卷铺盖，所以"炒鱿鱼"用来比喻解雇。因此，选项 B 符合题意。

4. 正确答案是 C。男的对女的说"你还是好好学习，将来考个好大学吧"，由此可知，选项 D 正确；男的还说"长个漂亮脸蛋就想当明星"，由此可知，女的长得很漂亮，并且想当明星，选项 A、B 都正确；男的说的反问句"哪有这么容易的事？"表示不容易，可见，男的觉得当明星不容易，由此可知，男的不鼓励女的当明星，女的说"你就喜欢给别人泼冷水"，其中惯用语"泼冷水"比喻打击人的热情或让人头脑清醒，女的的意思是说男的就喜欢打击别人的信心，从这里也可以看出男的不鼓励女的当明星，选项 C 不正确。因此，选项 C 符合题意"下列哪一项不正确"。

5. 正确答案是 D。"伤脑筋"形容事情难办，让人费心思、发愁，而不是脑子受伤，也不是生气的意思。因此，选项 A、B、C 都不正确，只有选项 D 符合题意。"伤脑筋"的形式很灵活，可以是"某人为……伤脑筋"，也可以是"……让某人伤透了脑筋"或"……让某人大伤脑筋"。

6. 正确答案是 B。回答本题的关键是理解"侃大山"的含义。"侃大山"是闲聊，随便聊天儿的意思。男的说"我在家不是看电视就是打游戏，无聊得很，来找你侃侃大山"，所以男的是来找女的聊天儿的，只是碰巧赶上了吃饭，可排除选项 A，并确定选项 B 符合题意；至于看电视和打游戏，是男的在自己家里做的事情，可排除选项 C、D。

7. 正确答案是 B。回答本题的关键是理解"有两下子"的含义。"有两下子"是有些本领的意思。男的对女的说"没想到你做菜还有两下子"，意思是说女的做菜不错。因此，选项 B 符合题意。

8. 正确答案是 A。回答本题的关键是理解"拿手"的含义。"拿手"是擅长做某事，某事做得很好的意思。男的说"吃我最拿手"，意思是他最擅长吃。因此，选项 A 符合题意。女的说"你可别放空炮啊"，"放空炮"是说了不做的意思，这里女的是开玩笑，意思是男的说了请客吃饭就应该实现。

9. 正确答案是 B。浏览四个选项可推测，本题主要考查的是考生能否把握这段话中相关人物的态度。根据这段话，刘建国提议村民入股养鸡，村民们炸开了锅，"炸开了锅"意思是反应很大、很强烈，可排除选项 D；这段话又说"村民们不怕辛苦，就怕攒了半辈子的钱打水漂儿"，"打水漂儿"是投入的钱财收不回来的意思，也就是说，村民们担心养鸡投入的钱收不回来，不能赢利，由此可知，村民们的反应是担心，选项 B 符合题意。

10. 正确答案是 C。回答本题的关键是理解"可观"的含义。"可观"指达到的程度比较高。这段话中说"在刘建国的带领下，公司取得了可观的经济效益"，意思是公司取得了比较好的经济效益。因此，选项 C 符合题意。

第三节　其他熟语

第一部分

说明：1～5 题，这部分试题都是两个人的简短对话，第三个人根据对话提出一个问题，请你在四个备选答案中选出唯一恰当的答案。

1. A 很糟糕
   B 不太好
   C 还可以
   D 没法说

2. A 不想结婚
   B 结婚还早
   C 很快就结婚
   D 不想见家长

3. A 还在上大学
   B 还没找到工作
   C 在小公司工作
   D 在大公司工作

4. A 脾气不好
   B 身体不舒服
   C 不让男的喝酒
   D 生气男的忘了结婚纪念日

5. A 同事
   B 亲戚
   C 邻居
   D 师生

第二部分

说明：6～10题，这部分试题中，你将听到一段长对话和一段讲话。每段话之后，你将听到几个问题，请你在四个备选答案中选出唯一恰当的答案。

6. **A** 毛衣
   B 短袖
   C 卫衣
   D 羽绒服

7. **A** 他不冷
   B 他要秋冻
   C 现在是夏天
   D 他要去跑步

8. **A** 13.4%
   B 20%
   C 40%
   D 70%

9. **A** 5年
   B 6年
   C 7年
   D 8年

10. **A** 电池
    B 电机
    C 电控
    D 轮胎

答案

1. C   2. B   3. B   4. D   5. C   6. B   7. D   8. B   9. C   10. A

即练即讲

1. 正确答案是C。"比上不足，比下有余"的意思是和好的相比不行，和不好的相比还比较好，就是处于中间状态、还可以的意思。因此，选项C符合题意。

2. 正确答案是B。"八字还没一撇"比喻事情没有实质性的进展，或还没有眉目。男的说喝喜酒八字还没一撇，意思是结婚的事还没有实质性的进展，还早。"连家长都还没见呢"强调还没见家长，并不是不想见家长。因此，选项B符合题意。

3. 正确答案是B。女的说的反问句"上什么班啊？"意思是还没上班。她说"年轻人找工作就怕高不成，低不就"，"高不成，低不就"多用于找工作或者找对象，指条件好的、合意的做不了或得不到，能得到的又觉得低而不合意，不愿意做。结合女的后边的话可知，她的儿子对小公司不满意，而大公司又不好进。由此可推断，女的的儿子现在还没找到工作。因此，选项B符合题意。

4. 正确答案是D。"鼻子不是鼻子，脸不是脸"形容人因生气而脸色非常难看。男的说"你猜怎么着？"后面就是说明事情的真实情况，他老婆生气的原因是男的把结婚纪念日给忘了。因此，选项D符合题意。

5. 正确答案是C。女的说"都说远亲不如近邻"，"远亲不如近邻"是指遇到急事难事，远方的亲戚不如近处的邻居能及时提供帮助，女的后面还说"我们还是对门"，强调他们是很近的对门邻居。因此，选项C符合题意。

6. 正确答案是B。浏览四个选项可以看出，本题是关于不同衣服的辨别，听录音时就要格外留意和衣服有关的信息。女的说二八月乱穿衣，大街上有人穿卫衣，有人穿毛衣，有人还穿短袖，紧接着，男的回答"你是说我吧。看我穿得多凉快"，可见，男的穿的是短袖。后面女的问男的"你不冷吗？"，并让他"别着凉了"，再一次说明男的穿得很少。因此，选项B符合题意。谚语"二八月乱穿衣"是指农历二月和八月，也就是初春和初秋时，人们在户外穿衣差别很大，穿什么的都有。

7. 正确答案是D。对话中，女的说气温不断下降就不能盲目地秋冻后，男的说"你以为我真那么傻啊，我这是要去跑步呢"，可见，男的是因为要去跑步，所以才穿得比较少。因此，选项D符合题意。谚语"春捂秋冻"是指春天不要急于脱掉棉衣，入秋后也不要刚一冷就穿得太多，适当地捂一捂冻一冻对健康有好处。

8. 正确答案是 B。浏览四个选项可以看出，本题考查考生对百分比相关信息的把握和辨别。这段话中说"根据《2021—2035 年新能源汽车产业发展规划》，到 2025 年，新能源汽车新车销售量达到汽车销售总量的 20% 左右"。因此，选项 B 符合题意。

9. 正确答案是 C。浏览四个选项可以看出，本题考查考生对年的数字信息的把握和辨别。这段话中说"2021 年我国新能源汽车销量达到 352.1 万辆，连续 7 年位居全球第一"。因此，选项 C 符合题意。

10. 正确答案是 A。这道题要抓住问题"什么零部件在新能源汽车整车制造中成本最高？"中的关键内容"成本最高"。这段话中提到"电池是新能源汽车整车制造中成本占比最高的零部件，约占 40%"。因此，选项 A 符合题意。

第七单元　口语格式、惯用语与熟语的理解

第四节　单元测试

第一部分

说明：1～10题，这部分试题都是两个人的简短对话，第三个人根据对话提出一个问题，请你在四个备选答案中选出唯一恰当的答案。

1. A 被公司辞退了
   B 没有准备材料
   C 不适合当经理
   D 不愿意当经理

2. A 很好
   B 不好
   C 不突出
   D 还可以

3. A 不值得生气
   B 不该管孩子
   C 别批评孩子
   D 应该原谅孩子

4. A 男的不能回去
   B 让男的以后常来
   C 让男的一定吃了饭再走
   D 让男的再聊一会儿再走

5. A 孩子作业很多
   B 孩子写作业很认真
   C 孩子晚上有很多事
   D 孩子写作业拖延时间

6. A 休息
   B 收拾
   C 加班
   D 出差

7. A 必须得去
   B 去比较好
   C 那就不去了
   D 去不去都可以

8. A 成绩突出
   B 不断进步
   C 成绩下降
   D 没有进步

9. A 很高兴
   B 放心了
   C 很担心
   D 很不安

10. A 老婆很笨
    B 老公脾气不好
    C 老公觉得开车很难
    D 老公觉得开车很容易

第二部分

说明：11～20题，这部分试题中，你将听到两段长对话和两段讲话。每段话之后，你将听到几个问题，请你在四个备选答案中选出唯一恰当的答案。

11. A 妈妈
    B 哥哥
    C 嫂子
    D 她自己

12. A 很能干
    B 很会办事
    C 不爱说话
    D 很有福气

13. A 飞行时间
    B 技术状态
    C 空间站舱内任务
    D 空间站出舱任务

14. A 2003 年
    B 2009 年
    C 2013 年
    D 2021 年

15. A 瓷器
    B 丝绸
    C 茶叶
    D 瓷器和丝绸

16. A 海路
    B 陆路
    C 草原之路
    D 高原之路

17. A 英国人
    B 荷兰人
    C 葡萄牙人
    D 西班牙人

18. A 筹建
    B 后勤
    C 训练
    D 陪练

19. **A** 巴西队
    B 美国队
    C 古巴队
    D 日本队

20. **A** 看电视
    B 听收音机
    C 在现场看比赛
    D 国家体委打电话

（答案及解析见书后）

第八单元

计时训练

听力理解模拟试题（一）

（40题，约30分钟）

第一部分

说明：1～15题，这部分试题都是两个人的简短对话，第三个人根据对话提出一个问题，请你在四个备选答案中选出唯一恰当的答案。

例如：第8题，你听到：

第一个人说：……

第二个人说：……

第三个人问：……

你在试卷上看到四个答案：

A 衬衫　　B 毛衣　　C 裤子　　D 鞋子

根据对话，第8题唯一恰当的答案是C，你应该在答题卡上找到号码8，在字母C上画一横道。横道一定要画得粗一些，重一些。

8 [A]　　[B]　　■　　[D]

1. A 刚毕业
   B 在找工作
   C 在出版社工作
   D 国庆节以后工作

2. A 犹豫
   B 灰心
   C 自信
   D 意外

3. A 建筑的历史
   B 建筑的保护
   C 建筑的规模
   D 参观的人数

4. A 商店
   B 银行
   C 仓库
   D 医院

5. **A** 小王很会做菜
   B 小王做菜像演戏
   C 小王只会做两个菜
   D 小王做菜马马虎虎

6. **A** 男的丢了箱子
   B 男的经常丢东西
   C 男的有很多宝贝
   D 男的的抽屉很乱

7. **A** 厂长
   B 记者
   C 工人
   D 工程师

8. **A** 想买橘子
   B 草莓太贵了
   C 草莓很漂亮
   D 草莓和橘子都买

9. **A** 担心
   B 高兴
   C 赞叹
   D 惊讶

10. **A** 变漂亮了
    B 长得很高
    C 不认识女的
    D 小时候营养不好

11. **A** 担心
    B 赞成
    C 反对
    D 鼓励

12. **A** 张萌是主持人
    B 他们要参加宴会
    C 他们要找主持人
    D 张萌在电视台工作

13. **A** 男的是医生
    B 男的做手术了
    C 病人的病情不稳定
    D 女的不同意男的的看法

14. **A** 全国下冰雹
    B 最近有寒流
    C 天气变化无常
    D 气温要降5摄氏度

15. **A** 他们俩会弹钢琴
    B 儿子喜欢上钢琴课
    C 男的同意女的的意见
    D 女的想给儿子报钢琴课

第二部分

说明：16～40题，这部分试题中，你将听到几段简要的对话或讲话。每段话之后，你将听到几个问题，请你在四个备选答案中选出唯一恰当的答案。

例如：第25～27题，你听到：

第一个人说：……

第二个人说：……

……

第三个人根据这段对话提出三个问题：

25．问：……

你在试卷上看到四个答案：

A 饭馆　　**B** 邮局　　**C** 商店　　**D** 路口

根据对话，第25题唯一恰当的答案是 **A**，你应该在答题卡上找到号码25，在字母 **A** 上画一横道。横道一定要画得粗一些，重一些。

25 ▇　　[B]　　[C]　　[D]

你又听到：

……

27．问：……

你在试卷上看到四个答案：

A 寄信　　**B** 打电话　　**C** 取包裹　　**D** 买报纸

根据对话，第27题唯一恰当的答案是 **D**，你应该在答题卡上找到号码27，在字母 **D** 上画一横道。横道一定要画得粗一些，重一些。

27 [A]　　[B]　　[C]　　▇

如果是一段讲话，在播放完讲话后，提出几个问题。

---

16. **A** 教师

　　B 记者

　　C 中医师

　　D 营养学家

17. **A** 操作麻烦

　　B 治疗效果很慢

　　C 不容易被人们接受

　　D 对疼痛性疾病疗效好

18. A 非常科学
    B 不用吃药
    C 有利于养生
    D 没有副作用

19. A 可以互补
    B 西医更科学
    C 中医疗效更好
    D 研究对象不同

20. A 体能下降
    B 追求简单
    C 为自己骄傲
    D 有很大的上升空间

21. A 激励
    B 安慰
    C 指导
    D 引以为戒

22. A 有压力
    B 更轻松
    C 没有影响
    D 心情很激动

23. A 已经退役了
    B 是羽毛球运动的新人
    C 不止一次参加奥运会
    D 以前不让父母去现场看他比赛

24. A 充分利用
    B 顺其自然
    C 不去关注
    D 隐藏起来

25. A 戏剧
    B 旅行
    C 工艺品
    D 交响乐

26. A 生活茫然
    B 是戏剧演员
    C 是跑龙套的
    D 写过很多剧本

27. A 常常发呆
    B 扮演傻瓜
    C 沉迷于表演
    D 女的不喜欢这个称呼

28. A 进行了两年
    B 只问了一个问题
    C 90% 的学生有目标
    D 帮助许多学生取得了成功

29. A 打工
    B 为 4% 的人工作
    C 实现自己的目标
    D 帮助别人实现目标

30. A 目标的重要性
    B 什么样的人会成功
    C 大多数人没有目标
    D 调查中多少人有目标

31. A 村民集资买树苗
    B 爱护树木人人有责
    C 门前绿化由自己负责
    D 公共区域绿化由村里负责

32. A 村民富了
    B 村民干净了
    C 垃圾没有了
    D 村里开办了旅游公司

33. A 面积很大
    B 变化很大
    C 村民都是本地人
    D 人人负责环境卫生

34. A 要完全戒掉
    B 可以吃 15 片
    C 隔段时间可以吃
    D 可以每天随便吃

35. A 对身体很好
    B 瘦肉中含有
    C 糕点中没有
    D 奶油中含 10 克

36. A 放心吃
    B 尽量不要吃
    C 这段话中没提及
    D 可以吃 20 克以下

37. A 不要吃糖
    B 不要吃烤肉
    C 不要吃蛋糕
    D 不要吃太多盐

38. A 老人不会网购
    B 老人看病不用预约
    C 老人不会用网约车
    D 老人不适应智能生活

39. A 开办智能培训班
    B 让老人买智能手机
    C 加快数字经济探索
    D 让老人向年轻人学习

40. A 老龄化社会现象
    B 数字化经济对老年人的影响
    C 老年人在智能化社会中的尴尬
    D 数字化社会发展要考虑老年人的需求

听力理解模拟试题（二）

扫一扫，听录音

（40题，约30分钟）

第一部分

说明：1～15题，这部分试题都是两个人的简短对话，第三个人根据对话提出一个问题，请你在四个备选答案中选出唯一恰当的答案。

例如：第8题，你听到：

第一个人说：……

第二个人说：……

第三个人问：……

你在试卷上看到四个答案：

A 衬衫　　B 毛衣　　C 裤子　　D 鞋子

根据对话，第8题唯一恰当的答案是 C，你应该在答题卡上找到号码8，在字母 C 上画一横道。横道一定要画得粗一些，重一些。

8 [A]　　[B]　　■　　[D]

1. A 要乐观
   B 有风险
   C 要坚持下去
   D 要先学打鱼和晒网

2. A 不吸水
   B 样式老
   C 颜色太暗
   D 布料不够厚

3. A 没收回成本
   B 很受年轻人欢迎
   C 参演的明星很多
   D 剧本修改过多次

4. A 学历证书
   B 博士论文
   C 个人简历
   D 发表的文章

135

5. A 开门
   B 修锁
   C 找钥匙
   D 搬家具

6. A 要打工
   B 学习太忙
   C 有别的事情
   D 担心不能胜任

7. A 调高音量
   B 调大字号
   C 换种字体
   D 换个背景

8. A 很刺激
   B 很安全
   C 非常有趣
   D 十分痛苦

9. A 腰
   B 脑袋
   C 后背
   D 脖子

10. A 讲座很有趣
    B 男的想学戏剧
    C 女的下午有课
    D 图书馆今天闭馆

11. A 九点太早了
    B 他不想去了
    C 明天不堵车
    D 建议早出发

12. A 车站
    B 学校
    C 医院
    D 机场

13. A 银行
    B 餐厅
    C 图书馆
    D 办公室

14. A 教师
    B 工人
    C 厨师
    D 记者

15. A 厨房
    B 教室
    C 办公室
    D 卫生间

第二部分

说明：16～40题，这部分试题中，你将听到几段简要的对话或讲话。每段话之后，你将听到几个问题，请你在四个备选答案中选出唯一恰当的答案。

例如：第25～27题，你听到：

第一个人说：……

第二个人说：……

……

第三个人根据这段对话提出三个问题：

25．问：……

你在试卷上看到四个答案：

A 饭馆　　**B** 邮局　　**C** 商店　　**D** 路口

根据对话，第25题唯一恰当的答案是 **A**，你应该在答题卡上找到号码25，在字母 **A** 上画一横道。横道一定要画得粗一些，重一些。

25 ■　　　［B］　　　［C］　　　［D］

你又听到：

……

27．问：……

你在试卷上看到四个答案：

A 寄信　　**B** 打电话　　**C** 取包裹　　**D** 买报纸

根据对话，第27题唯一恰当的答案是 **D**，你应该在答题卡上找到号码27，在字母 **D** 上画一横道。横道一定要画得粗一些，重一些。

27 ［A］　　　［B］　　　［C］　　　■

如果是一段讲话，在播放完讲话后，提出几个问题。

16. **A** 实习时

　　B 上大学前

　　C 大学三年级

　　D 大学毕业后

17. **A** 生意不好做

　　B 赚钱非常容易

　　C 有光明的未来

　　D 用不上大学学的知识

18. A 要看具体情况
    B 晴天卖得不好
    C 阴天卖得更好
    D 每天都卖得好

19. A 水果店老板与记者
    B 市场调查员与经理
    C 公司职员与小商贩
    D 水果店店员与顾客

20. A 交通成本低
    B 生活成本低
    C 价格比较便宜
    D 孩子上学方便

21. A 城区
    B 郊区
    C 农村
    D 老家

22. A 已经买了新房
    B 家里没什么钱
    C 不接受别人的意见
    D 最后决定在城区买房

23. A 高兴
    B 难过
    C 为难
    D 怀疑

24. A 接受礼物
    B 拒绝礼物
    C 扔掉礼物
    D 卖掉礼物

25. A 父女
    B 同事
    C 师生
    D 领导和下属

26. A 产生不良影响
    B 别人产生误会
    C 跟小陈关系太近
    D 需要回赠贵重的礼物

27. A 环境舒适
    B 便于讨论
    C 注意力易集中
    D 方便查找资料

28. A 学习
    B 看书
    C 做作业
    D 陪朋友聊天儿

29. A 感到不安
    B 效率更高
    C 变得谦虚
    D 更爱思考

30. A 去图书馆可以消除杂念
    B 去图书馆可以交到好朋友
    C 在图书馆没有竞争的氛围
    D 在图书馆看书能使人高兴

31. A 如何培训新员工
    B 如何找到生意伙伴
    C 如何稳定员工情绪
    D 如何让员工专心开会

32. A 增加奖金
    B 减少开会次数
    C 会后确定记录员
    D 亲自找员工谈话

33. A 员工都很认真
    B 员工没有迟到
    C 员工都做记录
    D 员工跟以前一样

34. A 青少年
    B 上班族
    C 老年人
    D 待业者

35. A 跑道太滑
    B 场地太拥挤
    C 没有教练指导
    D 运动量突然加大

36. A 小心着凉
    B 放松肌肉
    C 补充水分
    D 不能立即洗澡

37. A 气温高
    B 气温低
    C 很干燥
    D 不稳定

38. A 白天
    B 晚上
    C 午夜
    D 早晨

39. A 白色
    B 黄色
    C 紫色
    D 红色

40. A 花朵很小
    B 开花时间短
    C 原产于北美洲
    D 与昆虫活动无关

听力理解模拟试题（三）

（40题，约30分钟）

第一部分

说明：1～15题，这部分试题都是两个人的简短对话，第三个人根据对话提出一个问题，请你在四个备选答案中选出唯一恰当的答案。

例如：第8题，你听到：

第一个人说：……

第二个人说：……

第三个人问：……

你在试卷上看到四个答案：

A 衬衫　　B 毛衣　　C 裤子　　D 鞋子

根据对话，第8题唯一恰当的答案是 C，你应该在答题卡上找到号码8，在字母 C 上画一横道。横道一定要画得粗一些，重一些。

8 [A]　　[B]　　■　　[D]

---

1. A 森林

   B 山上

   C 公园

   D 动物园

2. A 吃惊

   B 羡慕

   C 高兴

   D 不满

3. A 春节

   B 中秋节

   C 重阳节

   D 爷爷的生日

4. A 飞机上

   B 大巴上

   C 火车上

   D 地铁上

5. A 曹操来了
   B 李静来了
   C 王平来了
   D 刘伟来了

6. A 谦虚
   B 骄傲
   C 赞成
   D 反对

7. A 男的不能放弃
   B 男的练不好钢琴
   C 男的什么也做不好
   D 同意男的不学钢琴了

8. A 不让男的说
   B 不让男的吃饭
   C 让男的快点儿说
   D 让男的快点儿吃饭

9. A 男的今年没考上
   B 男的明年再考一次
   C 男的明年一定能考上
   D 最多也不过是明年再考一次

10. A 没问题
    B 对书法很感兴趣
    C 对书法兴趣不大
    D 对书法一点儿兴趣都没有

11. A 药
    B 酒
    C 茶
    D 果汁

12. A 厨师
    B 医生
    C 教师
    D 司机

13. A 着急
    B 担心
    C 责备
    D 生气

14. A 家里
    B 教室
    C 公园
    D 球场

15. A 别问她
    B 她不知道
    C 手机在沙发上
    D 手机在男的的包里

第二部分

说明： 16～40题，这部分试题中，你将听到几段简要的对话或讲话。每段话之后，你将听到几个问题，请你在四个备选答案中选出唯一恰当的答案。

例如： 第25～27题，你听到：

第一个人说：……

第二个人说：……

……

第三个人根据这段对话提出三个问题：

25. 问：……

你在试卷上看到四个答案：

A 饭馆　　**B** 邮局　　**C** 商店　　**D** 路口

根据对话，第25题唯一恰当的答案是 **A**，你应该在答题卡上找到号码25，在字母 **A** 上画一横道。横道一定要画得粗一些，重一些。

25 ■　　[B]　　[C]　　[D]

你又听到：

……

27. 问：……

你在试卷上看到四个答案：

A 寄信　　**B** 打电话　　**C** 取包裹　　**D** 买报纸

根据对话，第27题唯一恰当的答案是 **D**，你应该在答题卡上找到号码27，在字母 **D** 上画一横道。横道一定要画得粗一些，重一些。

27 [A]　　[B]　　[C]　　■

如果是一段讲话，在播放完讲话后，提出几个问题。

---

16. **A** 赢利

　　B 承担社会责任

　　C 实现自我价值

　　D 做世界一流品牌

17. **A** 1年

　　B 3年

　　C 6年

　　D 10年

18. A 讲真话
    B 讲诚信
    C 有远见
    D 对企业负责

19. A 住宿舍
    B 租房住
    C 住父母家
    D 住自己买的房子

20. A 全款买
    B 分期付款买
    C 自己攒钱买
    D 用父母的钱买

21. A 小户型
    B 大户型
    C 电梯房
    D 还不确定

22. A 价格高
    B 公摊费用多
    C 不住了不好卖
    D 不好打扫卫生

23. A 回家
    B 照顾老人
    C 去社区工作
    D 教老人使用智能手机

24. A 一对一教
    B 小班教学
    C 举办讲座
    D 视频教学

25. A 热情
    B 仔细
    C 耐心
    D 全面

26. A 老人盼着周末见面
    B 王阿姨给她织了围巾
    C 老人关心志愿者的生活
    D 老人给志愿者准备好吃的

27. A 了解对方的饮食喜好
    B 了解对方的潜在性格
    C 了解对方的经济情况
    D 增强互动，缓解尴尬

28. A 摆满新鲜有趣的菜品
    B 不轻易尝试不熟悉的食物
    C 跑前跑后地为对方添加食物
    D 吃完初次端来的食物就不再添加

29. A 内向
    B 保守
    C 热情
    D 孩子气

30. A 是社交高手
    B 缺乏生活情调
    C 消费缺乏节制
    D 对对方颇有好感

31. A 害怕
    B 担心
    C 高兴
    D 感动

32. A 走路
    B 骑自行车
    C 坐公交车
    D 骑电动三轮车

33. A 害怕
    B 担心
    C 高兴
    D 感动

34. A 粮食
    B 布鞋
    C 蔬菜
    D 水果

35. A 一个小时
    B 两个小时
    C 三个小时
    D 四个小时

36. A 压力
    B 慢性压力
    C 急性压力
    D 巨大压力

37. A 慢性压力使人全身肥胖
    B 慢性压力使人过度进食
    C 慢性压力使人吃不下饭
    D 慢性压力抑制人的消化系统

38. A 10%
    B 20%
    C 30%
    D 40%

39. A 四处闲逛
    B 躺着不动
    C 陷入混乱
    D 寻找新的食物来源

40. A 休息
    B 游荡
    C 玩耍
    D 侦察和研究

听力理解模拟试题（四）

（40题，约30分钟）

第一部分

说明：1～15题，这部分试题都是两个人的简短对话，第三个人根据对话提出一个问题，请你在四个备选答案中选出唯一恰当的答案。

例如：第8题，你听到：

第一个人说：……

第二个人说：……

第三个人问：……

你在试卷上看到四个答案：

A 衬衫　　B 毛衣　　C 裤子　　D 鞋子

根据对话，第8题唯一恰当的答案是 C，你应该在答题卡上找到号码8，在字母 C 上画一横道。横道一定要画得粗一些，重一些。

8 [A]　　[B]　　■　　[D]

1. A 来过多次
   B 来过一次
   C 好像来过
   D 从没来过

2. A 一个星期不够
   B 最多需要10天
   C 去新疆的人很少
   D 没听懂对方的话

3. A 天气情况
   B 火灾情况
   C 销售情况
   D 季节情况

4. A 构思
   B 着色
   C 运笔
   D 题材

5. A 和女的是同事
   B 今天晚上值夜班
   C 明天晚上值夜班
   D 妈妈明天过生日

6. A 批评他
   B 提醒他
   C 原谅他
   D 劝阻他

7. A 病倒了
   B 年纪大了
   C 受打击了
   D 脸色不好

8. A 询问
   B 反驳
   C 怀疑
   D 坚决

9. A 不用还钱
   B 算一算账
   C 必须还钱
   D 下次再还

10. A 收入高最重要
    B 上班路远不好
    C 单位并不算远
    D 习惯了跑远路

11. A 女的想去做饭
    B 男的想出去吃
    C 女的吃什么都行
    D 他们都不想做饭

12. A 别人都不去
    B 谁都很重要
    C 男的不能不去
    D 男的可以不去

13. A 她看不见李明
    B 李明可能会来
    C 李明没准备好
    D 路上一定很堵

14. A 不想再说话
    B 男的很谦虚
    C 让男的别客气
    D 同意男的的话

15. A 明天出差
    B 工作紧张
    C 正在开会
    D 现在在外地

第二部分

说明：16～40题，这部分试题中，你将听到几段简要的对话或讲话。每段话之后，你将听到几个问题，请你在四个备选答案中选出唯一恰当的答案。

例如：第25～27题，你听到：

第一个人说：……

第二个人说：……

……

第三个人根据这段对话提出三个问题：

25．问：……

你在试卷上看到四个答案：

A 饭馆　　**B** 邮局　　**C** 商店　　**D** 路口

根据对话，第25题唯一恰当的答案是**A**，你应该在答题卡上找到号码25，在字母**A**上画一横道。横道一定要画得粗一些，重一些。

25 ■　　［B］　　［C］　　［D］

你又听到：

……

27．问：……

你在试卷上看到四个答案：

A 寄信　　**B** 打电话　　**C** 取包裹　　**D** 买报纸

根据对话，第27题唯一恰当的答案是**D**，你应该在答题卡上找到号码27，在字母**D**上画一横道。横道一定要画得粗一些，重一些。

27 ［A］　　［B］　　［C］　　■

如果是一段讲话，在播放完讲话后，提出几个问题。

16. **A** 没有计划

　　B 不去旅游

　　C 在家学习

　　D 彻底放松

17. **A** 无所谓

　　B 不同意

　　C 很支持

　　D 没表态

18. A 初中生
    B 高中生
    C 大学生
    D 研究生

19. A 努力争取
    B 据理力争
    C 积极劳动
    D 多次保证

20. A 邻里关系
    B 职场生涯
    C 校园生活
    D 家庭生活

21. A 没有姐姐
    B 有一个妹妹
    C 有一个哥哥
    D 有一个弟弟

22. A 父母
    B 哥哥
    C 妹妹
    D 他自己

23. A 表演滑稽
    B 剧情真实
    C 情节紧凑
    D 演员有名

24. A 信息过时
    B 设计守旧
    C 不够专业
    D 内容雷同

25. A 创新性
    B 时尚性
    C 知识性
    D 大众性

26. A 汽车知识
    B 新车速递
    C 你问我答
    D 读者园地

27. A 信息全面
    B 文章权威
    C 可分享故事
    D 喜欢"你问我答"栏目

28. A 黑色
    B 红色
    C 黄色
    D 蓝色

29. A 秦朝
    B 汉朝
    C 隋朝
    D 唐朝

30. **A** 紫色
    B 红色
    C 青色
    D 绿色

31. **A** 信息无法识别
    B 信息量非常大
    C 信息很难分辨
    D 信息都很重要

32. **A** 造成消化不良
    B 令人目不暇接
    C 让人叫苦不迭
    D 引发信息污染综合征

33. **A** 尽量减少信息接收量
    B 生活规律，有张有弛
    C 增加锻炼身体的时间
    D 使信息条理化、程序化

34. **A** 感兴趣
    B 很轻松
    C 很排斥
    D 不开心

35. **A** 做事方法
    B 说话方式
    C 待人态度
    D 时间观念

36. **A** 废话连篇
    B 直来直去
    C 含蓄暗示
    D 言简意赅

37. **A** 上班时
    B 下班后
    C 睡觉前
    D 出差时

38. **A** 真难
    B 真痛快
    C 真可怜
    D 真伤心

39. **A** 电子竞技很流行
    B 电子竞技职业化
    C 电子竞技难度高
    D 电子竞技有争议

40. **A** 排斥
    B 沉迷
    C 冷淡
    D 欣赏

录音材料、答案与解析

第一单元　认识MHK（三级）听力理解

第二节　摸底检测

录音材料

第一部分

1. 女：你才来呀，都散场了！
   男：对不起，对不起。让人给绊住了，我请你喝咖啡。
   问：对话最可能发生在哪里？

2. 男：这就是你新买的衣服啊？挺漂亮的。
   女：还说呢，我怎么穿怎么觉得别扭。
   问：女的觉得新衣服怎么样？

3. 女：小李，看你今天脸色不太好，怎么了？身体不舒服吗？
   男：不是的，我昨天晚上看CBA*直播，太兴奋了，睡得晚了些。
   问：男的怎么了？

4. 女：放松，放松，我按的时候，告诉我哪儿疼。
   男：对，对，就是这儿，一阵一阵的，都疼了三天了。
   问：女的可能是什么身份？

5. 女：你不是上班去了吗？怎么又回来了？
   男：外面滴雨点儿了，我回来拿件雨衣。
   问：说话人最可能是什么关系？

6. 女：听说你把咱们餐厅给包了？你真行！
   男：怎么可能？我哪有那么大的本事？
   问：男的是什么意思？

7. 女：咱们来得太早了，离开车还有一个半小时呢。找个地方休息一下吧。
   男：那咱们到音乐茶室去喝点儿茶吧。
   问：对话最可能发生在哪里？

---

* CBA：中国男子篮球职业联赛（China Basketball Association），简称中职篮（CBA）。

8. 男：我看咱们得孤军奋战了，小杨是指望不上了。
   女：你再劝劝她，实在不行让她找个帮手。
   问：女的希望男的做什么？

9. 女：这双鞋怎么样？款式新颖，最主要的是，它太便宜了，才100块钱。
   男：这还叫便宜？在西市场，你这个价钱能买两双。
   问：男的是什么意思？

10. 女：王红这人一会儿风一会儿雨的，说好的事，又变卦了。
    男：没你说的那么严重吧。
    问：男的是什么意思？

11. 男：老师，请问幼儿园是4点下班吗？
    女：不是，平时是5点，星期五提前半个小时。
    问：幼儿园星期五几点下班？

12. 男：你听说了吗？小李又出国了。
    女：啊？他不是刚回来吗？怎么又走了？
    问：女的是什么语气？

13. 女：昨天你去看的那场电影怎么样？很精彩吧？
    男：咳，幸亏你没去，我都快睡着了。
    问：男的是什么意思？

14. 女：师傅，像您这样没日没夜地工作，真够辛苦的。
    男：唉，谁说不是呢？
    问：男的是什么意思？

15. 男：既然您已经答应给我买电脑了，干脆就一步到位，给我买个游戏本吧。
    女：你别得寸进尺啊。
    问：女的是什么意思？

第二部分

16～19题是根据下面一段对话：

女：哎呀，你可来了，不是说好了6点吗？
男：别提了，今天一出门就不顺。怎么也打不上车，好不容易挤上了公交车，又赶上下班高峰期，走走停停的。骑自行车也就20分钟的路，足足用了40分钟。我也急死了。

女：你不知道今天是结婚纪念日吗？

男：知道啊，这还能忘记了？

女：知道，那你怎么不早点儿出来啊？

男：我怎么没早走啊？今天下午我们部门开了个"马拉松式"的长会，项目方案讨论来讨论去的就是定不下来。我看一时半会儿这会也完不了，就跟经理打了个招呼提前走了。

女：你们公司怎么搞的？这都周末了，还这么忙。你们讨论什么项目啊？重要吗？

男：跟我没什么关系，要是重要我就不早走了。快点菜吧，想吃什么？

16. 问：男的是怎么来的？

17. 问：男的迟到主要是因为什么？

18. 问：今天下午的会议主题是什么？

19. 问：对话最可能发生在哪里？

20～22题是根据下面一段对话：

女：您好，欢迎您拨打《有话大家说》栏目热线。请问您有什么意见或者建议想与大家分享？

男：主持人好。最近电视台不是正在播大型历史连续剧《大秦赋》吗？

女：是的，您是想谈谈您对这部电视剧的看法吗？非常欢迎。

男：先谢谢您。这部电视剧是近年来难得一见的好剧，我非常喜欢。但我今天打电话不是为了谈自己对这个剧的看法。

女：那您是？

男：我想对它的播出时间提点儿建议。这个剧的时间太晚了，每天晚上11点以后才播，我们都等不起啊。看不着，心里又觉得很遗憾。

女：您是希望播出时间往前调整一下，是吗？

男：是的。另外，要是能配套播出一些介绍秦朝历史的专题节目，我们就能和《大秦赋》对照着看，看看哪些是历史上的真事，哪些是虚构的，效果肯定好。

女：好的。非常感谢您对我们栏目的支持，我们会尽快向有关部门反映您的意见。谢谢您的参与。

20. 问：说话人是通过什么方式交谈的？

21. 问：男的对历史连续剧《大秦赋》有什么意见？

22. 问：男的一共提了几条意见？

23～25题是根据下面一段对话：

男：眼看就要毕业了，你工作有着落了吗？

女：已经联系了几家单位，远方图书出版公司、光明机械进出口公司什么的，可都还没回音呢。

男：安心保险公司，你听说过吧？

女：我好像记得他们来参加过校园招聘会，招聘保险销售人员，可我没投简历。

男：怎么，你对干保险不感兴趣？

女：怎么说呢，我觉得自己性格有点儿内向，不太适合做那样的工作。推销保险需要很好的语言表达能力和沟通能力，我笨嘴拙舌的，没那本事。

男：不试试怎么知道呢？

女：干保险很辛苦吧？听说收入的多少是跟个人的销售业绩挂钩的，也不怎么稳定。

男：别看安心公司的底薪不是特别高，但其他待遇很不错，有奖金，有假期，提供宿舍，每年还有参加培训的机会。

女：嗯，福利方面是挺好的，我再考虑考虑。

23. 问：关于女的，我们知道什么？
24. 问：女的不愿从事保险销售工作主要是因为什么？
25. 问：下列哪一项跟安心保险公司有关？

26～28题是根据下面一段话：

很多时候，人们都有一种普遍心理——怕麻烦别人。但是根据心理学家的研究，这种心理其实并不好。生活中，我们免不了会帮助那些需要帮助的人，尤其是弱者，因为这是人的天性。同时，我们也免不了接受别人的帮助。假如你再次遇到需要别人给你帮助的情况，谁会更愿意向你伸出援手呢？是被你帮助过的那些人？还是曾经帮助过你的人呢？研究发现，那些曾经帮助过你的人会更愿意再帮你一次。换句话说，让别人喜欢你的最好方式不是去帮助他们，而是让他们来帮助你。如果你想得到别人的好感，主动开口求助是没有坏处的。这个有意思的现象被称为"本杰明·富兰克林效应"。

26. 问：说话人认为什么是不好的？
27. 问：什么人更愿意帮助你？
28. 问：根据这段话，要得到别人的好感，最好的方式是什么？

29～32题是根据下面一段话：

游泳是一项老少皆宜的运动项目，经常游泳对保持身体健康大有好处。游泳时，水对身体起一种按摩作用，有助于血液循环。因为冷水刺激皮肤，引起皮肤的血管收缩，稍后又扩张，医学上称之为"血管体操"。水的密度比空气大600多倍，胸部在水中要承受10公斤左右的压力，呼吸肌必须克服这个压力才能维持正常的生理需要，人的呼吸系统功能也会因此而得到改善和提高。水的导热能力比空气大25倍，在12℃的水里停留40分钟所消耗的热量相当于在同温度的空气中1小时所消耗的热量，因此，游泳又是减肥的好方法。另外，在炎热的夏季，游泳还可以起到防暑降温的作用。

29. 问：这段话中所说的"血管体操"是什么意思？
30. 问：人体在水中为什么会承受10公斤左右的压力？

31. 问：游泳为什么可以减肥？
32. 问：根据这段话，下列哪一项不是游泳的作用？

33～36题是根据下面一段话：

俗话说，有钱不买半年闲。这是说想买什么东西，要到用的时候再去买。实际上，消费时逆向一下更经济合算。拿时令性强的商品来说，到了季节末，不少商家为了回收资金，减少库存，总是降价销售，同样的东西这时买能少花许多钱。对家庭中的大支出，也应该尽量找出逆向消费的办法。例如，有的家庭一到流行病的多发期，大人孩子都要花去一大笔医疗费，但是，如果能在没生病的时候花点儿钱预防一下，家人能减少疾病，也能减少不少的医疗开支。某种商品热销到供不应求时，你买我买他也买，一是价格可能高，二是挑选余地小。如果待热销过后再去购买，那时价格降下来了，各种品牌的优劣也比较出来了。逆向消费的好处确实不少，不妨试试看。

33. 问：俗话"有钱不买半年闲"是什么意思？
34. 问：时令性强的商品为什么经常降价销售？
35. 问：买热销商品的不足之处中不包括什么？
36. 问：逆向消费的目的是什么？

37～40题是根据下面一段话：

细节往往容易被人忽略，但一个不经意的细节则能反映出一个人深层次的修养。它能代替财富，弥补缺陷，提升你的竞争力。通过细节来评价一个人，不失为一种切实有效的方法。细节铸就完美，一个单位如此，一个人也当如此。前不久我们栏目去昆明采访一位董事长，他多年来热心助学，资助了多达千人的寒门学子。那天采访现场的一个细节让我难忘。按照计划，我们这个栏目的主持人会让受到资助的孩子介绍一下各自家庭的困难情况，但这位董事长当即在镜头前阻止了主持人的采访，因为他不愿意看到受他资助的孩子由此产生自卑心理，觉得不能再往他们的伤口上撒盐。他说，助学并不是怜悯，而是出于自己的真心，这也是每个企业家应有的社会公德。

37. 问：这段话中所说的"切实有效的方法"指的是什么？
38. 问：那位董事长因为什么受到采访？
39. 问：那位董事长为什么阻止了主持人的采访？
40. 问：那位董事长为什么热心助学？

答案

1. D	2. C	3. C	4. A	5. B	6. C	7. D	8. C	9. B	10. D
11. C	12. B	13. C	14. A	15. B	16. D	17. A	18. B	19. C	20. B
21. B	22. B	23. C	24. B	25. D	26. D	27. A	28. C	29. D	30. C
31. D	32. C	33. C	34. D	35. D	36. A	37. B	38. A	39. D	40. D

第二单元　情景判断

第一节　生活情景

录音材料

第一部分

1. 男：请问，寄到上海的快递需要几天能到？
   女：明天下午就能到。
   问：对话最可能发生在哪里？

2. 男：请问，标准间一天多少钱？有没有折扣？
   女：标准间一天280元，最低可打八五折。
   问：男的要干什么？

3. 女：这里有点儿脏，回家洗得掉吗？
   男：没问题，这是运输过程中弄的。就这一件了，这样吧，给你打八折。
   问：对话最可能发生在哪里？

4. 女：哎呀！急死我了，你怎么才出来？我还以为你坐的不是这趟车呢。
   男：我把一个包落在车上了，又回去取了。现在走吧。
   问：根据对话，我们知道什么？

5. 男：这款不错，是今年新推出的车型，采用了改进型发动机，性能比原发动机更加稳定，而且售价也比较适中。
   女：这个颜色我不太喜欢，我先看看别的吧。
   问：女的在干什么？

第二部分

6~8题是根据下面一段对话：

女：哟，小张啊，快屋里坐，你看这儿乱得。
男：听说你们刚买了一套新房子，三室两厅的。我们都为你们高兴，什么时候搬家说一声，我一定来帮忙。
女：可别提这房子了！我们本来只想简单装修一下就行，一个月就够了，可我家孩子非要折腾，结果两个多月了还没弄完，活儿越干越多。下星期老王还要去参加学术会议，很多准备工作还没做完，急得他直上火。
男：我正是为这事来的。王教授的材料我已经准备好了，有些问题我想再跟他确认一下。

女：他刚来过电话，说去买油漆了。
男：那我去新房子那儿等他吧，顺便参观一下你们的新房子。
女：好啊，我带你去。

6. 问：对话最可能发生在哪里？
7. 问：王教授干什么去了？
8. 问：男的会在哪儿见到王教授？

9～10题是根据下面一段话：

从前，有一对兄弟喜欢争论，有时为了争论而争论。一天，两人到郊外去玩儿。他们走着走着，忽然看见天上飞过一只鸽子。哥哥立即拿出弓箭，想把鸽子射下来。他一边瞄准一边说："这只鸽子清炖一定好吃。"弟弟一听，马上反驳说："不对，红烧才好吃。"于是两人就争论了起来。他们谁也不能说服谁，就去找人评理。他们找到一位在河边钓鱼的老人，那位老人认真地考虑了几分钟，最后说："你们最好把鸽子从中间分开，一半清炖，一半红烧。"两兄弟听了觉得有理，这才停止争论。可是，当他们再去寻找鸽子的时候，鸽子早就不见了。

9. 问：兄弟二人常常干什么？
10. 问：兄弟二人争论的时候，老人在干什么？

第二节　工作情景

录音材料

第一部分

1. 男：请问，借这种杂志需要办什么手续？
   女：对不起，这种期刊不外借，这是我们馆的规定。
   问：对话最可能发生在哪里？

2. 女：请问，能不能只买下册？我已经有上册了。
   男：不好意思，要是没了下册，上册我就不好卖了。
   问：对话最可能发生在哪里？

3. 女：你们昨天加班到很晚吧？
   男：可不，我们离开公司的时候已经是万家灯火了。
   问：男的昨天什么时候下班的？

4. 女：谢谢收看《质量监督》，也欢迎您拨打热线电话，给我们提供新闻线索。
   男：观众朋友们，今天的节目播送完了，再见！
   问：对话最可能发生在哪里？

5. 女：王校长，您好。马上就要高考了，我们《午间新闻》节目想采访几位学生，您看能否为我们安排一下？

　　男：好的。下课以后，我让毕业班的李老师带你们去。

　　问：对话最可能发生在哪里？

第二部分

6～7题是根据下面一段对话：

　　男：观众朋友们好，这里是奥运直播间。我们今天请到的嘉宾是跳水运动员张帆。你好，张帆，这次你不是像以前一样参加比赛，而是来参加中央电视台的直播，有什么特别的感觉？

　　女：这是我第一次以记者的身份来参加奥运会。以记者身份看各国运动员的训练和比赛，对我来说是全新的经历。

　　男：那你是跟运动员们住在一起吗？

　　女：不是的。他们整天忙忙碌碌的，太紧张了。我住记者村。这儿和运动员村凝重的气氛不同，大家都说说笑笑的，尽管工作也很辛苦，但大家的心情比运动员们轻松多了。

　　男：这两天中国选手在适应场地，他们的状态怎么样？

　　女：我采访了一些运动员、教练、领队，我觉得他们都已经为奥运会做好了充分的准备，对比赛场地、灯光和比赛时间也都很熟悉了。中国跳水队每晚9点左右都要进行一次专门的训练，因为有的比赛安排在晚上9点进行。

6. 问：对话最可能发生在哪里？
7. 问：关于女的，下列哪一项正确？

8～10题是根据下面一段话：

　　一位知名主持人采访一个小男孩儿，问他："你长大后想当什么呀？"小男孩儿天真地回答："我要当飞行员。"主持人接着问："如果有一天，你的飞机飞到大海上空，所有引擎都熄火了，你会怎么办？"小男孩儿想了想，说："我会先告诉坐在飞机上的人系好安全带，然后我挂上我的降落伞先跳出去。"听到这里，现场的观众都笑得东倒西歪。主持人注视着这孩子，想看看他是不是个自作聪明的孩子。没想到他两行热泪夺眶而出，这才使得主持人发觉这孩子的悲悯之情远非笔墨所能形容。于是主持人问他："请你告诉我，你为什么要这么做？"小男孩儿的回答透露出一个孩子真挚的想法："我要去拿燃料，我还要回来！我还要回来的！"

　　当你听别人说话时，你真的听懂别人的意思了吗？如果没听懂，就请听别人把话说完，这就是"听的艺术"：首先，听话不要只听一半；其次，不要用自己的想法代替别人所说的内容。

8. 问：这个故事发生在哪里？
9. 问：现场的观众什么时候大笑起来？
10. 问：主持人在什么情况下才听懂了小男孩儿的话？

第三节　特殊场所

录音材料

第一部分

1. 女：这次展览真不错。瞧，这幅风景画多漂亮，给我拍一张吧。
   男：不行，你没看见那儿写着吗？"博物馆内严禁拍照！"
   问：对话最可能发生在哪里？

2. 女：都快20分钟了，车还不来。你看，等车的人越来越多了，要是只来一辆车，恐怕也挤不上去。
   男：挤不上去也得挤呀，上班迟到那可不是闹着玩儿的。
   问：说话人在做什么？

3. 女：你理什么样的？留长一点儿还是短一点儿？
   男：就照原来的样子理吧，剪短一点儿。
   问：对话最可能发生在哪里？

4. 女：小王，听主任说你明天要去青岛出差，那你要多带些衣服，感冒药、风油精什么的最好也带上一些。
   男：你不提醒我还真忘了，下班后我就去买。
   问：说话人最可能是什么关系？

5. 男：请问，刘总经理在吗？我们是远方公司的，刘总让我们下午来找他。
   女：你们好，欢迎。抱歉啊，你们来得真不巧，刘总刚才还在办公室的。
   问：关于刘总经理，下列哪一项正确？

第二部分

6～7题是根据下面一段对话：
   女：李总，请教一个问题，当您想了解一家公司的情况时，您是看报告还是去实地考察？
   男：报告上的东西已经失去了大部分的新闻价值，所以我除了看报告，对那家公司有个基本的判断，还会直接去那家公司参加有关的会议，了解情况，做对比分析，以此来判断这家公司未来的发展趋势。
   女：那您对那些经纪人的建议，比如增持、减持、补仓等等，是怎么对待的？
   男：我首先要了解每天的行情，然后再听听那些经纪人的分析和建议。但是，如果一个经纪人向我建议说"买"，我一般不会马上去买那只股票，因为他的建议仅仅是给我提供了某些可供参考的信息而已，买或不买，何时买，买多少，等等，则需要我全盘考虑后再来决定。

6. 问：男的是怎样了解一家公司的情况的？

7. 问：对经纪人的建议，男的是如何对待的？

8～10题是根据下面一段话：

李平想送给妈妈几枝玫瑰花。他走进一家小小的花店，只见一个十多岁的男孩儿正在和店主讨价还价。店主对他说："玫瑰太贵了，你还是买康乃馨吧。"但男孩儿态度坚决地说："不，我就要玫瑰。我妈妈去年得了一场大病，我没能照顾她，今年我想选个特别一点儿的礼物。"男孩儿的话打动了李平，他悄悄地告诉店主，他替这个男孩儿买单。最终男孩儿买到了玫瑰花，李平也给妈妈订了几枝鲜花，并嘱托店主给妈妈送去。李平走出花店，看到那个男孩儿就在他不远的前面。李平心血来潮，快步跟上男孩儿，他看见男孩儿走进了一座公墓。男孩儿在一块小墓碑前停下，小心翼翼地把玫瑰摆好，跪在地上，边哭边说："妈妈，我好想您，真想再依偎在您的怀里，对您说'我爱您'啊！"李平转过身去，泪水像涌泉一般流出眼眶。他跑回花店，告诉店主他要亲自把鲜花送给妈妈。

8. 问：关于这个男孩儿，下列哪一项正确？

9. 问：男孩儿最终是怎样得到玫瑰花的？

10. 问：关于男孩儿的妈妈，下列哪一项正确？

第四节　单元测试

录音材料

第一部分

1. 男：小刘，这桌的客人怎么还没来？
   女：还没到他们预定的时间呢，经理。
   问：对话最可能发生在哪里？

2. 女：你这书都超期了，按照规定得交三块钱。
   男：好的，那我现在还能借书吗？
   问：对话最可能发生在哪里？

3. 女：这种照相机怎么这么贵？
   男：便宜的也有，可质量就不好说了。
   问：对话最可能发生在哪里？

4. 女：哎呀，你踩到我的脚了！
   男：哦，实在抱歉，车上太挤了。
   问：对话最可能发生在哪里？

5. 男：您来了，这是我们新进的一批货，要不要挑一件？
   女：不用啦，这种款式的我上星期刚买了一件，还没穿呢。
   问：对话最可能发生在哪里？

6. 女：师傅，您能不能再开快点儿？我要赶七点半的火车。
   男：现在正是上班的时候，路上车太多了。
   问：对话最可能发生在哪里？

7. 女：您好，我手机丢了，可以借用一下这里的电话吗？
   男：对不起，这是内线电话，打不了外线。您用我的手机吧。
   问：对话最可能发生在哪里？

8. 女：我买了这套工具书的上册，请问下册什么时候能来？
   男：这可说不好。这样吧，我们再跟出版社联系一下，您留个电话吧。
   问：对话最可能发生在哪里？

9. 男：这儿东西真全，吃的、喝的什么都有。咱们买什么？
   女：油、速冻饺子、咖啡和茶。
   问：对话最可能发生在哪里？

10. 男：小刘，你收拾好了吗？现在都11点45了，我们得在12点以前退房。
    女：好了，你去前台退房吧。我去打个电话，让他们把行李放到出租车上。
    问：对话最可能发生在哪里？

第二部分

11～12题是根据下面一段对话：

女：师傅，您这儿是小商品集散地，有那么多人做小商品生意，您怎么不去做生意，偏偏出来开出租车呢？

男：您不知道，正是做小商品生意的人太多了，风险就高了，利润也越来越低。

女：那人家都挣那么多钱，您不会觉得心理不平衡吗？

男：那倒没有。现在我开出租车，平均每个月有四五千元的固定收入，不是很好吗？再说，我们这儿开出租车的本地人也不少，还有许多人因为拿不到驾驶证、出租车从业资格证、上岗证这"三证"，想开还开不了呢。

女：那您一天到晚开车，挺辛苦的吧？

男：还行。白天我自己跑，收入大概有450元，晚上租给别人，收入是300元。扣掉汽油费等各项费用，每天可以净赚大约160元，一个月下来就是5000元左右，这样的生活比上不足，比下有余。

女：是啊，知足常乐。听您这么说，我也挺羡慕您的。哟，师傅，到地方了，就在这儿停车吧。

11. 问：男的为什么没去做生意？
12. 问：关于男的，我们知道什么？

13～14题是根据下面一段对话：

男：老板，你这鞋是真皮的吗？请拿过来，我看一下。

女：好的，先生。您眼光真好，今年这个样式最畅销啦，不少人都喜欢。这是咱国内名牌产品，用料都是精选的上等真牛皮，错不了。

男：真牛皮？手感怎么不像呢？可别是吹牛皮吧？我怎么觉得像人造革？真皮的手感比这要柔一些。

女：手感不像？先生，您开玩笑的吧？您要说这鞋手感不像真牛皮，那您到哪儿找真牛皮的鞋？您就凭柔不柔来区分鞋是真皮的还是人造革的呀？那有的人造革可比真皮柔多了，有的摸起来就跟棉布差不多。

男：保证是真皮的就行，要是假的，我可来找你退货。

女：没问题，要不是真皮的，保证给您退货就是了。我们常年在这儿营业，跑不了的。我看先生是个实在人，就给您个实在价，290块。

男：你看啊，这鞋的做工也不怎么样，就这做工、这样式，最多给你220块。

13. 问：男的根据什么怀疑这双鞋不是真皮的？
14. 问：女的向男的做出了什么保证？

15～17题是根据下面一段话：

　　李强是个刚演过一部电视剧的演员。每当走在街上，他都希望有人能认出他来，找他签名，可每次他都失望。

　　一天晚上，他闷闷不乐地来到一家餐厅吃饭，突然，他的手机响了。因为餐厅里太吵了，他边接电话边快速地向外跑去。一位女服务员看见他跑出去了，就迅速地拿起一支笔和一个本子追了出去。见李强正在接听电话，女服务员便拿着笔和本子站在一旁等。看到这种情况，李强非常高兴，马上挂断电话，很快接过笔来，潇洒地在本子上签上了自己的名字，还拍了拍女服务员的肩膀，说："谢谢你支持我。"女服务员愣住了，过了一会儿才反应过来，说："啊，不是，我是请您结账的。"

15. 问：李强为什么失望？
16. 问：李强为什么跑出餐厅？
17. 问：女服务员为什么愣住了？

18～20题是根据下面一段话：

　　听众朋友们，周末好！我是小夏，欢迎收听《互动时间》节目。很多听众朋友联系我们说，他们非常想了解中央人民广播电台著名播音员夏青老师的从业故事。是啊，夏青这个名字对于20世纪60年代以前出生的人来说，是不会陌生的。

夏青是我国优秀的新闻工作者、中央人民广播电台著名播音员。他以演播政论性文章和古典文学作品而著称,他的声音曾经感染过一代又一代听众。令人遗憾的是,7月24日,夏青老师离开了我们,他的声音永久地留在了人们的记忆中。这段时间以来,不断有听众通过各种方式询问夏青老师的情况,还有不少听众要求再听一听夏青老师的声音。那好,我们今天就利用《互动时间》节目,请中央人民广播电台著名播音员方明老师来告诉您夏青老师的故事,也请新老朋友们一起聆听夏青老师的代表作。

    18. 问:这段话可能是什么人说的?

    19. 问:这个节目为什么要介绍夏青?

    20. 问:关于夏青,下列哪一项正确?

答案

1. A	2. D	3. A	4. B	5. B	6. D	7. B	8. A	9. D	10. B
11. B	12. D	13. B	14. A	15. A	16. C	17. C	18. B	19. C	20. D

详细解析

1. 正确答案是 A。本题主要考查的是考生能否把握对话中的关键信息并进行推理判断。通过男的说的"这桌的客人"可推断,说话人在饭店。因此,选项 A 符合题意。

2. 正确答案是 D。本题主要考查的是考生能否把握对话中的关键信息并进行推理判断。通过对话中的"书""超期""借书"几个词语可推断,说话人在图书馆,选项 D 符合题意;选项 A "商店"跟书无关;选项 B "书店"、选项 C "邮局"都只能买书或订书,不能借书。

3. 正确答案是 A。本题主要考查的是考生能否领会对话中的内容要点或大意并进行推理判断。女的认为这种照相机太贵了,男的告诉她也有便宜的,但"质量就不好说了",这往往是顾客与售货员之间的对话。这个情景是女的要买相机,正在挑选,由此可知,说话人在商店。因此,选项 A 符合题意。

4. 正确答案是 B。本题主要考查的是考生能否把握对话中的关键信息并进行推理判断。对话中女的说男的踩到她的脚了,男的道歉后说"车上太挤了",说明说话人是在某种交通工具里,选项 A、C、D 都不是交通工具,只有选项 B "地铁上"符合题意。

5. 正确答案是 B。本题主要考查的是考生能否把握对话中的关键信息并进行推理判断。通过男的的话可知,他是一位售货员,希望女的买一件东西,但没明说是什么东西,但通过对话中的量词"件"和动词"穿"可推断,说话人在服装店,选项 B 符合题意;买鞋可以用动词"穿",但量词一般要用"双",不能用"件",选项 A "鞋店"不符合题意;家具店和农产品市场卖的东西一般是不能穿在身上的,选项 C、D 不符合题意。

6. 正确答案是 D。本题主要考查的是考生能否把握对话中的关键信息并进行推理判断。通过女的说的"师傅,您能不能再开快点儿?"可推断,男的是一位司机。按照常识,一般在火车上、地铁上、公交车上乘客是不能让司机提速的,只有在出租车上才有这种可能。因此,选项 D 符合题意。

录音材料、答案与解析

7. 正确答案是 B。本题主要考查的是考生能否把握对话中的关键信息并进行推理判断。通过男的说的"内线电话""外线"等词语可推断，男的是在某单位内。"打不了外线"意思是该电话只限内部使用，没有拨打单位以外电话的功能，这符合一般单位值班室、传达室的情况，选项 B 符合题意；电话亭一般无人值守，可排除选项 A；报刊亭、问讯处如果有座机，是可以拨打任意地方的电话的，可排除选项 C、D。

8. 正确答案是 A。本题主要考查的是考生能否把握对话中的关键信息并进行推理判断。工具书是指供人们查阅的各式词典。女的已经买了这套工具书的上册，询问下册什么时候才能来，表示她要买下册，由此可推断，说话人在书店，选项 A 符合题意；男的说要跟出版社联系，说明说话人不在出版社，可排除选项 C；图书馆和文化用品店不卖书，可排除选项 B、D。

9. 正确答案是 D。本题主要考查的是考生能否把握对话中的关键信息并进行推理判断。从男的的话中可知，这里的东西很全，女的说要买"油、速冻饺子、咖啡和茶"，这些是四种不同的东西，一般来说只有在大型超市里才能都买到。因此，选项 D 符合题意。

10. 正确答案是 B。本题主要考查的是考生能否把握对话中的关键词并进行推理判断。说话人提到"退房""前台"和"行李"。"退房"意为退掉预订或使用的房间，指在宾馆办理离店结算手续；"前台"是指饭店、宾馆的服务台，一般在"前台"结账；女的又提到她有"行李"，也说明不是在饭馆，而是在宾馆。因此，选项 B 符合题意。

11. 正确答案是 B。本题主要考查的是考生能否把握对话中的关键信息。这段对话发生在出租车上，说话人是乘客和司机。女的对男的开出租车而不去做生意感到不解，男的回答"做小商品生意的人太多了，风险就高了"。因此，选项 B 符合题意。

12. 正确答案是 D。本题主要考查的是考生能否领会对话中的内容要点或大意并进行推理判断。这道题要求我们根据情景对人物做出评价。对话中男的是出租车司机，他和乘客的对话所包含的信息已足够我们对他做出一个总体的判断，所给的四个选项均未从对话中直接听到，这是听力理解题中难度较大的题型，需要理解整段对话的内容。通过对整段对话的理解以及男的说的"比上不足，比下有余"和女的说的"知足常乐"可判断，男的心态很好。因此，选项 D 符合题意。

13. 正确答案是 B。本题主要考查的是考生能否把握对话中的关键信息。这是一段男顾客和女老板的对话，可能发生在一家个体或私营鞋店里。通过男的说的"真牛皮？手感怎么不像呢？""真皮的手感比这要柔一些"可知，他这样认为的依据是"手感"不像。因此，选项 B 符合题意。

14. 正确答案是 A。本题主要考查的是考生能否把握对话中的关键信息。这道题的四个选项在对话中都提及过，我们在对话中先后听到女的说"样式最畅销""保证给您退货""常年在这儿营业""给您个实在价"等内容，但关键是听到男的提出"要是假的，我可来找你退货"后，为了打消他的顾虑，女老板很干脆地回答"没问题"，并进一步做出保证——"要不是真皮的，保证给您退货就是了"。因此，选项 A 符合题意；选项 B、C、D 都不是女的做出的保证，均不符合题意。

15. 正确答案是 A。本题主要考查的是考生能否把握讲话中的关键信息并进行推理判断。这段话一开始就说了李强"希望有人能认出他来,找他签名,可每次他都失望",说明没人认识他。因此,选项 A 符合题意。

16. 正确答案是 C。本题主要考查的是考生能否把握讲话中的关键信息。这段话中提到"突然,他的手机响了。因为餐厅里太吵了,他边接电话边快速地向外跑去"。因此,选项 C 符合题意。

17. 正确答案是 C。本题主要考查的是考生能否领会讲话中的内容要点或大意。根据这段话的内容可知,女服务员去追李强,是因为李强在用餐过程中边接电话边跑了出去,她担心李强逃单,到了外面发现李强真的在打电话,只好站在一旁等,李强看到她拿着笔和本子,以为是认出他找他签名的人,于是马上就挂断电话给她在本子上签了名。女服务员拿着笔和本子是要结账,但没有想到李强会误会她是要签名,所以她才愣住了。因此,选项 C 符合题意。

18. 正确答案是 B。本题主要考查的是考生能否把握讲话中的关键信息并进行推理判断。这是一道以情景为基础的人物身份判断题。由"听众朋友们""欢迎收听"可知,这段话的情景是广播电台,可排除选项 A、D;节目评论员一般是和主持人搭档出场的,这段话只有一个人在讲话,可排除选项 C;综合上述信息可推断,说话人是广播电台的节目主持人,选项 B"电台播音员"符合题意。

19. 正确答案是 C。本题主要考查的是考生能否把握讲话中的关键信息。这段话中的节目是《互动时间》,指的是电台和听众的互动,包括回答听众的问题、服务听众的需求等。这段话一开始就说"很多听众朋友联系我们说,他们非常想了解中央人民广播电台著名播音员夏青老师的从业故事",后面还提到"不断有听众通过各种方式询问夏青老师的情况,还有不少听众要求再听一听夏青老师的声音",由节目的性质和听众的需求可知,选项 C 符合题意。

20. 正确答案是 D。本题主要考查的是考生能否把握讲话中的关键信息。这段话的主要内容是介绍夏青,讲话中提到"中央人民广播电台著名播音员夏青老师""夏青是我国优秀的新闻工作者、中央人民广播电台著名播音员"。因此,选项 D 符合题意。

生 录音材料、答案与解析

第三单元 话题判断

第一节 话题内容

录音材料

第一部分

1. 女：这里的空气真湿润，感觉皮肤都比以前光滑了。
   男：好是好，就是衣服很难晾干。
   问：他们在谈论什么？

2. 男：现在家电的质量都不错，关键是要根据自己的需要购买，大可不必追求功能齐全或者名牌。
   女：看来这位先生是内行啊。
   问：他们在谈论什么？

3. 男：这次西安之行怎么样？特开眼吧？
   女：开眼是开眼，就是时间太短，有些地方只能走马观花了。
   问：他们在谈论什么？

4. 女：陈导，您的新作快和大家见面了吧？
   男：快了，不过春节档是赶不上了。
   问：他们在谈论什么？

5. 女：我在网上买了一个衣柜，安了半天了，可是怎么都装不好。
   男：再看看说明书，按照上面的步骤来，不行的话我明天去帮你。
   问：他们在谈论什么？

第二部分

6～8题是根据下面一段对话：

女：作为一位企业家，您如何看待创业之初的困难与挫折？
男：如果你热爱一件事，又能够一心一意地去做，那么在做这件事的过程中，你是不会体会到挫折和困难的。只不过在外人眼里，那些在你实现目标过程中的经历是磨难。
女：您觉得在商业竞争中最难打败的对手是谁？
男：肯定是自己。没有什么外在的力量能把一个人或者一个企业打败，能把一个人打败的是自己的内心世界，能把一个企业打败的是其内部的管理。所以我们应该做的是修炼内功。
女：如果一名毕业生到您那里应聘，您最看重他哪方面的素质？

男：综合素质。比如说他的个性是不是开朗，他对生活是不是比较乐观，他读过的书是不是足够多。其次，我们会根据他所应聘的岗位去看看他相关的专业能力强不强。至于他毕业于哪所大学，通常不在我们的考虑范围内。

6. 问：为什么男的觉得创业初期不辛苦？
7. 问：男的认为企业最大的对手是谁？
8. 问：根据这段对话，下列哪一项正确？

9～10题是根据下面一段话：

地球表面的空间，除气体外，还有大量的尘埃，包括尘土、细菌以及各种物质腐败后的杂质和大量的烟尘、二氧化硫等。大气污染不仅危害人的身体健康，还会给农、林、牧业带来很大的影响。

尘埃有这么多害处，难道就没有一点儿可取之处吗？其实，尘埃在我们的生活中是不可缺少的。比如，阳光射进室内，我们看到有许许多多细小的尘埃在飞舞，正是这些小小的尘埃在反射和散射着阳光，使阳光变得柔和、舒适，否则我们的眼睛就会受到强光的伤害。大气层中的尘埃还有过滤光的作用，它滤去了太阳的红、橙、黄、绿等较强颜色的光，留下了较弱的蓝光，于是，我们有了蔚蓝的天空。另外，太阳散发出的热可以将地表水变成水蒸气，水蒸气附着在尘埃上，上升到一定高度后遇冷变成小水滴，这些小水滴组成了云，它们在云里互相碰撞，合并成大水滴，当它们大到空气托不住的时候，就会从空中落下来，形成雨。如果没有尘埃，这样的转变过程就不会出现。

9. 问：这段话的主要内容是什么？
10. 问：关于尘埃，下列哪一项正确？

第二节　话题态度

录音材料

第一部分

1. 女：我们家充分发扬民主，你也可以发表自己的意见嘛。
   男：既然你都决定了，我还说什么？
   问：男的是什么意思？

2. 男：孩子放在你这儿，给你添了不少麻烦，实在有点儿过意不去。
   女：瞧你说到哪儿去了？街坊邻居的。
   问：女的是什么意思？

3. 男：你也太积极了吧，离考试还有一个多月呢。
   女：我哪能和你比啊？我得笨鸟先飞。
   问：女的是什么意思？

4. 男：处理货不能买，俗话说得好，好货不便宜，便宜没好货。
   女：我这叫花钱买教训。
   问：女的买什么了？

5. 男：关于交通事故的原因，开车的说自行车带人抢行了，骑车的说汽车闯红灯了。
   女：唉，这事真是"公说公有理，婆说婆有理"。
   问：女的是什么意思？

第二部分

6～7题是根据下面一段对话：

男：您怎么理解奋斗和进取？
女：我觉得进取就是不断去创造新的东西，新的东西不仅仅是自己所喜欢的，也是能够让其他人受益的。我觉得这就是进取精神。
男：您是一位很成功的事业女性，您认为女性创业者应该怎样面对挑战和挫折？
女：通常人们都认为女性会比较追求稳妥，她们对于风险的承受能力不是特别强。但是，只要你创业，肯定会有失败。我的一个心得就是你不能因为怕失败就不去做你想做的事情。我自我鼓励的一句话就是"宁可在创新中失败，也不在保守中成功"。
男：就是说我们要勇敢地去面对和承担失败的结果？
女：对。特别是在年轻的时候要有勇气去尝试，哪怕是犯错误，哪怕是跌跟头，因为年轻，输得起，就应该去做。不要等到年老的时候后悔，在还有勇气、还能输得起的时候，却没有去放手一搏。

6. 问：女的认为进取精神是什么？
7. 问：女的对女性创业有什么看法？

8～10题是根据下面一段话：

近日，中国青年报向全国高校的大学生就是否支持和购买国货的问题展开问卷调查，结果显示，七成多的受访者表示对国产品牌发展怀有期待。经过20年的发展，原本被遗忘在角落里的国货重新火了起来。从一些国货品牌的走红，我们不难看出，它们逐渐摆脱了传统的窠臼，通过对中国文化的挖掘与二次创作形成了一股独特的艺术风潮，深受年轻消费者的追捧，同时也使得品牌本身完成了转型，实现销量翻番。一些国货品牌符合东方美学和传统文化传承的特征，产品更加贴近年轻消费群体的审美和需求，既投射出中国传统文化，也能展现当下民族自豪感，从设计、性价比到情感价值的展现，都吸引了新一代年轻人。同时，渠道的多元化和碎片化都为一些国货品牌的流行加速。随着各大视频、消费平台的崛起，"种草""拔草"成了年轻人新的消费模式，也让国货消费变得无处不在。

8. 问：这段话主要讲了什么？
9. 问：为什么国货受年轻人喜爱？
10. 问：根据这段话，下列哪一项正确？

第三节　话题对象

录音材料

第一部分

1. 女：小姜怎么回事？这次考试竟然名落孙山。
   男：最近也不知他是怎么了，上课三天打鱼，两天晒网的。这不，今天又没见他。
   问：关于小姜，我们知道什么？

2. 女：很多人都说这家川菜做得特别地道，怎么样？就这儿？
   男：怪不得这么多人排队呢。行啊，咱们也尝尝。
   问：关于这家饭馆，我们知道什么？

3. 女：我的登机牌呢？没在你那儿吗？哎呀，可能落在买饮料的地方了。
   男：你这马大哈的毛病什么时候能改改？
   问：关于女的，我们知道什么？

4. 女：广播里说什么？飞机不来了？
   男：不是不来，说是由于雾太大，能见度太低，无法降落。
   问：关于飞机，我们知道什么？

5. 女：今天商场打折打得厉害，我一下子买了四双鞋。
   男：商家就是看中了你们女人这种购物心理。
   问：关于打折，男的怎么看？

第二部分

6～8题是根据下面一段对话：

男：大家好。
女：李总，您好。我们知道，您最近辞职了，并且做了一个重大的决定，您能和大家说一说吗？
男：我现在正在筹划一个自己的全方位的创业平台——创新工场。说简单些，就是先挑选出人才，然后和他们一起选择好的项目，帮助他们把项目做出来，接着给他们投资，并找外面的投资，再进一步注资给他们。
女：对您来说，这项工作的魅力在什么地方？
男：这项工作的乐趣在于它串联了我生命中最重要的几个旋律：中国、青年，还有创新、创业。这是一个崭新的工作，从头做起是我最喜欢的工作。
女：您这份工作是为了圆您自己的梦想，还是为了圆其他人的梦想？
男：除了我自己的梦想以外，我觉得这也是这些青年的梦想，因为今天中国的青年非常渴望创业，但是他们没有足够的经验把这个事情做好，而我可以提供这样的经验，增加他们成功的概率。

6. 问：男的目前从事哪方面的工作？
7. 问：男的为什么要做这项工作？
8. 问：男的认为自己可以为青年提供什么？

9～10题是根据下面一段话：

木瓜有"岭南果王"之称，它色香味俱佳，无论生吃还是煲汤，都是清心润肺的佳品。木瓜是一种温性水果，它含有的氨基酸多达17种，并且钙、铁的含量也十分丰富，同时还含有我们比较熟悉的木瓜蛋白酶，它的维生素C含量也很高，比苹果高48倍之多。木瓜中的酵素能分解肉食，起到减肥的效果。木瓜还能平衡荷尔蒙，因此也有美容养颜的功效，所以说它是女性的福音。以往我们在吃木瓜的时候都是生吃，实际上它还可以煮着吃，炖成汤的口感也非常好，汤还会因为有了木瓜的加入，也变得香甜不少呢，并且木瓜煮着吃营养还会更加丰富。但是，吃木瓜也有禁忌，体质虚弱或有肠胃疾病的人要小心食用木瓜，孕妇尤其不要吃未成熟的木瓜。

9. 问：关于木瓜，我们知道什么？
10. 问：吃木瓜对什么人有好处？

第四节 单元测试

录音材料

第一部分

1. 男：据说这种鱼的味道特别好，远近闻名，我看也不过如此。
   女：大家都说百闻不如一见，有道理啊。
   问：男的认为这种鱼怎么样？

2. 男：看你，身体这样子，怎么还来开会呢？
   女：我这几天好多了。
   问：关于女的，我们知道什么？

3. 男：刘岩这人可够傲气的，见了熟人连个招呼也不打，好像不认识似的。
   女：哪能呢？我知道了，可能她没戴眼镜。
   问：关于刘岩，下列哪一项正确？

4. 男：你怎么这么没精神？是因为这两天太热，昨晚没睡好吗？
   女：别提了，昨晚房间里有只蚊子，我半夜起来好几回。
   问：他们在谈论什么？

5. 女：你看，报上说睡觉少的人一般智商偏高。
   男：怪不得我这么聪明呢。
   问：男的是什么意思？

6. 男：别看了，这里的家具咱们买不起。
   女：买不起还看不起吗？
   问：女的是什么意思？

7. 女：你们的产品质量没说的，只是价钱上能不能再便宜些？
   男：你们想要多少？如果数量多的话，价格当然好说。
   问：男的是什么意思？

8. 男：你先回去吧，我去银行取点儿钱，一会儿我们去楼下的餐厅吃饭。
   女：公寓附近就有自动取款机，何必去银行呢？
   问：女的是什么意思？

9. 女：这张效果最好，背景选得好，色彩好，你的表情也好。
   男：那就放大这张吧，挂在我们的客厅里。
   问：他们在谈论什么？

10. 女：隔壁邻居家的音乐声太大了，我去跟他们说一说。
    男：算了算了，别伤了和气。
    问：男的是什么意思？

第二部分

11～12题是根据下面一段对话：

女：刚刚举办的"西双版纳时装秀"让全场观众都受到了震撼。作为设计师，您认为这场时装秀着重表现了什么呢？

男：这场时装秀是中华民族服装魅力的展现，无论是色彩还是外形设计，都在诉说着细腻的东方情怀。

女：听说为了这场时装秀，您在西双版纳待了近一个月，体验生活，寻找创作灵感。

男：是的。我在西双版纳密林中写生时，用整个心灵和每根细微的神经去感受热带雨林的深情和浪漫。作为设计师，我把创作当作对人生的一种态度。生活中并不缺少美，重要的是要有一双善于发现和有品位的眼睛。

女：时装界近两年一直提倡自主创新、创国际名牌，您认为什么是时装的自主创新？

男：如今社会对时装的要求日益更新，人们越来越注重个性的表现，各种各样的表现形式也促进着服装本身的改变。时装设计师就是要创造属于人民的、属于世界的艺术作品。

11. 问：他们在谈论什么？
12. 问：男的认为创作的灵感来源于哪儿？

13～15题是根据下面一段对话：
男：您好，谢谢您接受我的采访。您来云南支教一年多了，觉得辛苦吗？
女：辛苦是辛苦，但我来这里，本来也不是来享受的。
男：这里条件这么差，您刚来的时候是不是很不习惯？
女：条件虽然艰苦，但我觉得我的收获远大于付出，孩子们也给了我很多。
男：在这里，让您最难忘的事情是什么？
女：我的班里有个孩子叫赵福根，上课从不发言，很多门功课不及格。通过家访，我发现他家里很困难。他没有父亲，姐姐在外打工，只有他和妈妈在家相依为命。他很孝顺，每天帮妈妈做家务。后来知道他对舞蹈感兴趣，我就鼓励他，并带他去找音乐老师排练，结果他的蝴蝶舞在学校艺术节中获得了一等奖。从此，孩子的心灵也打开了。这是我最引以为豪的事情。
男：以后您还会做志愿者吗？
女：不管以后在哪儿，我都会继续用我的力量帮助山里的孩子们，因为孩子是我们国家的未来和希望。

13. 问：关于支教，女的是什么看法？
14. 问：关于赵福根，下列哪一项正确？
15. 问：女的接下来有什么打算？

16～17题是根据下面一段话：
20世纪50年代，英国人在街道上设计出了横格状的人行横道线，规定行人穿过街道时，只能走人行横道线，于是，伦敦街头就出现了一道道醒目的横线。据说这是人类从斑马身上得到的启发，把人行横道专门涂成白色的"斑马线"，从而达到指示行人和引起司机警觉的目的。在我们看来，身披"斑马线"的斑马出现在绿草如茵的大草原上，色彩对比太过强烈，简直是太容易暴露自己了。但是，对于斑马的主要敌人狮子来讲，"斑马线"却能起到良好的伪装效果。因为狮子是色盲，所以在狮子眼里，远处那群边吃草边散步的斑马就像风中摇摆的野草。

16. 问：关于人行横道，从这段话中我们知道什么？
17. 问：根据这段话，关于狮子，下列哪一项正确？

18～20题是根据下面一段话：
和母亲一起钓鱼是他小时候最喜欢的事情。一天傍晚，他和母亲又来钓鱼。安好诱饵后，他静静地等待着。忽然，钓竿的另一头沉重起来，他知道一定有个大家伙上钩了。果然，一条竭力挣扎的大鲈鱼被慢慢拉出了水面。母亲和儿子紧盯着这条漂亮的大鱼看呆了。母亲按亮小电筒看看表，已是晚上10点，但距鲈鱼钓猎解禁时间还差两个小时。母亲说："你得把它放回去，儿子。"儿子哭了。母亲安慰他:"还会有别的鱼的。"儿子哭着说:"再也没有这样大的鱼了。"他又看看母亲,但他从母亲那坚定的眼神中知道这个决定是无可更改的。他只好慢慢解开鱼钩,眼看着那条鲈鱼抖动着巨大的身躯慢慢扎向湖水深处,渐渐消失。34年后,那孩子已经是一位很有成就的建筑师了。虽然他再也没能钓到那样漂亮的大鱼,但他却为此终生感谢母亲,并常常对他的儿女们讲起这件平常而又动人的小事。

18. 问:母亲为什么让儿子将大鱼放回去?
19. 问:儿子为什么感谢母亲?
20. 问:关于那位母亲,我们知道什么?

答案

1. C	2. A	3. C	4. B	5. B	6. B	7. C	8. D	9. D	10. A
11. D	12. A	13. D	14. B	15. D	16. B	17. A	18. A	19. C	20. B

详细解析

1. 正确答案是 C。对话中有两个固定短语需要注意。"不过如此"指只是这样,并不怎么突出,也就是一般的意思。男的的意思是,虽然大家都说这种鱼的味道不错,但是他觉得一般。女的补充说"百闻不如一见",意思是听得再多,也不如亲眼见到一次。因此,选项 C 符合题意。

2. 正确答案是 A。"看你"是口语中表示不满的一种表达,有埋怨的语气,类似的表达还有"你看你""瞧你"等。"身体这样子"意思是身体出了问题,再加上女的说"我这几天好多了",由此可知,女的生病了。因此,选项 A 符合题意。

3. 正确答案是 C。男的认为刘岩很没礼貌,看见他也不打招呼,但是女的不赞成他的观点。"哪能呢?"是一个反问句式,意思是不可能那样,类似的表达还有"说什么呢?""哪会呢?"等。女的认为刘岩不打招呼可能是因为她没戴眼镜,没看清男的,由此可知,刘岩是近视眼。因此,选项 C 符合题意。

4. 正确答案是 B。男的看到女的没精神,询问女的是不是没睡好,这就是对话的主题。"别提了"单独使用,常用来表达一种不满的情绪。蚊子只是女的没睡好的原因,不是话题中心。因此,选项 B 符合题意。

5. 正确答案是 B。这是一道逻辑推理题。女的说睡觉少的人智商高,男的回答"怪不得我这么聪明呢","怪不得……"表示明白了原因,对某种情况就不再觉得奇怪。由此可推断,男的睡眠少。因此,选项 B 符合题意。

6. 正确答案是 B。男的认为这里的家具太贵,他们买不起,他想离开,但是女的不同意。"买不起还看不起吗?"是一个反问句,意思是虽然买不起,但是看也不花钱,女的的意思是她想看一看。因此,选项 B 符合题意。

录音材料、答案与解析

7. 正确答案是 C。"没说的"表示女的对对方的产品质量非常满意,"只是……"有轻微的转折意味,女的认为价格太贵了,希望对方再降降价。男的回答"价格……好说",意思是价格可以再商量。因此,选项 C 符合题意。

8. 正确答案是 D。男的说他要去银行取钱,女的告诉他"公寓附近就有自动取款机","何必"的意思是没有必要,女的的意思是不需要去银行,可以在公寓附近的自动取款机取钱。因此,选项 D 符合题意。

9. 正确答案是 D。这道题需要考生了解跟"照片"相关的词语。对话中有量词"张","服装"的量词不能用"张",要用"套",可排除选项 B;"书法"和"字画"的量词最好用"幅",可以说"一幅书法""一幅字画",女的说的"背景""色彩""表情"都是描述"照片"的词语,不用于描述"书法",可排除选项 A;再加上男的说"放大这张",只有照片可以放大,"字画"不可以,可排除选项 C。因此,选项 D 符合题意。

10. 正确答案是 A。女的嫌"隔壁邻居家的音乐声太大",想去跟他们交涉一下,男的认为这样做会"伤了和气",意思是破坏本来不错的关系,"算了算了"在对话中也表示阻止女的的意思。因此,选项 A 符合题意。

11. 正确答案是 D。回答这道题的关键是要捕捉到对话中的"时装秀"这一词语。"时装秀"是指舞台上的时装表演。说话人围绕刚举办的"西双版纳时装秀"进行了谈话。因此,选项 D 符合题意。

12. 正确答案是 A。这道题需要考生综合分析对话的内容并进行判断。从女的的话中可知,男的为了寻找创作灵感,去了西双版纳体验生活,由此可以推断,男的认为生活是他创作的灵感源泉。因此,选项 A 符合题意。

13. 正确答案是 D。"支教"是支援落后地区乡镇中小学教育和教学管理的一项工作。男的问女的是否觉得辛苦和不习惯,女的说"辛苦是辛苦,但……""条件虽然艰苦,但……收获远大于付出",这说明女的认为自己很有收获。因此,选项 D 符合题意。

14. 正确答案是 B。对话中提到赵福根"很多门功课不及格",说明他成绩不好,可排除选项 A;赵福根除了妈妈以外还有姐姐,所以他家有三口人,可排除选项 D;对话中提到"他对舞蹈感兴趣",选项 B 符合题意;选项 C 对话中没有提及。

15. 正确答案是 D。女的最后说"不管以后在哪儿,我都会继续用我的力量帮助山里的孩子们",意思是她以后还会帮助山里的孩子们。因此,选项 D 符合题意。

16. 正确答案是 B。这段话一开始就说人行横道线是英国人设计的,可排除选项 C;由"这是人类从斑马身上得到的启发"可知,与人行横道有关的是斑马,而不是狮子,可排除选项 A;由"把人行横道专门涂成白色的'斑马线',从而达到……引起司机警觉的目的"可知,斑马线的作用是提醒司机,选项 B 符合题意;人行横道的长度是否有统一的标准,这段话中并未提及,可排除选项 D。

17. 正确答案是 A。这段话中提到"狮子是色盲",色盲是分不清颜色的。因此,选项 A 符合题意。

18. 正确答案是 A。这段话中提到"距鲈鱼钓猎解禁时间还差两个小时","解禁"的意思是解除禁令,也就是说,按照规定,还有两个小时才可以钓鲈鱼,所以母亲让儿子把钓到的大鲈鱼放回湖里。因此,选项 A 符合题意。

19. 正确答案是 C。这道题考查考生的综合判断能力，考生需要听懂整段话，并判断出这个故事的意义。由上题可知，因为还没到鲈鱼钓猎解禁的时间，母亲让儿子把钓到的大鲈鱼放回湖里了。虽然很可惜，但母亲坚持让儿子这么做，可见母亲是一个很守规则的人，而正是母亲的这种意识让儿子受到了教育，所以他终生感谢母亲。因此，选项 C 符合题意。

20. 正确答案是 B。从这段话中可知，钓到大鱼的是儿子，不是母亲，可排除选项 C；儿子钓到大鱼后，按照规定应该放回湖里，儿子哭了，母亲安慰他，母亲的态度是温柔而坚定的，并不严厉，可排除选项 A；34 年后，儿子成了建筑师，选项 B 符合题意；常对儿女们讲起这件事的人是儿子，不是母亲，可排除选项 D。

第四单元　人物关系、身份、职业判断

第一节　人物关系

录音材料

第一部分

1. 女：你是什么时候回来的？
   男：今天一早。这不，接到领导的电话就赶到单位来了。
   问：说话人是什么关系？

2. 女：舅舅，您让亮亮送过来的牛肉我们收到了，谢谢您。
   男：客气什么？让你妈妈趁新鲜给你做了吃吧。
   问：说话人最可能是什么关系？

3. 男：对不起，您这张是打折机票，不能退，只能改签。
   女：那也行，麻烦你帮我改签到本周日的同一航班。
   问：说话人是什么关系？

4. 男：你把今天的日程安排给我看看，下午两点加一个中层干部会议。
   女：可是已帮您约了张总两点去设计院，要通知张总改时间吗？
   问：说话人最可能是什么关系？

5. 女：最近隔壁好像在装修，是搬来新邻居了吗？
   男：对，搬来一个小伙子，是建筑工程师，人看起来不错。
   问：说话人最可能是什么关系？

第二部分

6～7题是根据下面一段对话：

女：陈文高老师？您过去是不是在育英中学教书？

男：是啊，你是？

女：我是咱们这个旅游团的导游。陈老师，我妈妈是您的学生。她常常提到您的名字，所以我就记住您了。您比我想象的要高一点儿。

男：是吗？这么巧。

女：是啊，我看到游客名单时，就在想是不是您，没想到还真是您。陈老师，我读的语文课本是您编的，封面上有您的大名呢，所以不仅我妈妈是您的学生，我也算是您的学生呢。

男：时间过得真快，这一晃三十多年过去了。你妈妈现在怎么样？做什么工作？

女：我妈妈挺好的，也是一位中学老师。她说上学期间您对她的影响非常大。她常跟我谈起她在学校的往事，还说毕业晚会上您弹的钢琴曲，她至今记忆犹新。

6. 问：女的为什么记住了陈老师？

7. 问：女的与陈老师是什么关系？

8～10题是根据下面一段话：

孔融是孔子的后代。他从小就很聪明，小小年纪已在社会上享有盛名。他10岁时，跟父亲到洛阳去拜访太守李元礼。李元礼只接待自己的亲戚和有名的人。于是，孔融就对守门人说："我是李太守的亲戚，请给我通报一下。"守门人通报后，李元礼接见了他。李太守问他："请问你和我是什么亲戚关系呢？"孔融回答道："从前我的祖先孔子是您家祖先老子的学生，因此，我和您也算是世交啊。"当时在座的人听到孔融的这一番话都感到很惊奇。其中有一位客人来晚了，在座的人将孔融的话告诉他后，他随口说道："小时了了，大未必佳。"意思是小时候很聪明，长大后就不一定了。聪明的孔融立即说："我想您小的时候，一定是很聪明的。"这个人半天说不出话来。后来，人们便用"小时了了，大未必佳"来说明小孩子从小聪明，懂得很多事情，但长大后却未必能够成才。

8. 问：孔融与李太守是什么关系？

9. 问：晚来的客人认为孔融怎么样？

10. 问：孔融认为晚来的客人怎么样？

第二节 人物身份

录音材料

第一部分

1. 男：小王，这是你9月份的工资。辛苦你啦，除了做家务，还得接送佳佳上学。

   女：没事，送完佳佳回来时正好可以买菜。

   问：女的是什么身份？

2. 男：晚饭后去操场散会儿步吧，都坐了一下午了。
   女：你自己去吧，我得抓紧把这篇文章赶出来，编辑那边催得很急，我明天上午还有课。
   问：女的是做什么的？

3. 女：先生，您的入住手续办好了，押金会在退房时退给您。
   男：好的。请问你们提供早餐吗？
   问：男的是什么身份？

4. 女：我是学播音主持的，去报社专业恐怕不合适吧？
   男：那我再帮你找找有没有电视台的招聘信息。
   问：女的最可能是什么身份？

5. 男：我家宝贝在您这儿怎么样？她能适应吗？
   女：还行，小家伙适应挺快的，这一个多星期，我听说老师都夸她好几次了。
   问：女的最可能是什么身份？

第二部分

6～7题是根据下面一段对话：

女：欢迎您来参加"论说西湖——2020西湖学研讨会"。作为知名的文旅专家，您为西湖的可持续发展出谋划策，非常感谢您。

男：这是我应该做的。杭州目前拥有西湖、大运河、良渚古城遗址三大世界文化遗产，有着得天独厚的文化旅游资源，我非常愿意为这些资源的可持续发展尽一份力。

女：您作为曾经的故宫博物院院长，对杭州文化旅游资源的开发有什么建议？

男：文化遗产不能"束之高阁"，要走进社会，与民众生活联系在一起。过去的考古遗址保护，出土的文物都被小心翼翼地掸掉灰尘，然后拍照、封存。这样一来，那些灿烂的文明不会和周边民众产生联系。但良渚遗址就做得很好，成了热门"打卡点"。

女：是的，良渚不仅有遗址公园，还有博物馆。无论是稻田景观还是水城门，奇特的文化景观都得到了展现。通过5G技术，游客能在这里体验良渚文化。高校也把考古、历史课堂搬到了这里，以家庭为单位的制作体验也在遗址地开展。

6. 问：男的是什么身份？
7. 问：关于"良渚"，下列哪一项正确？

8～10题是根据下面一段话：

一对老夫妇住进了我对门。两位老人70多岁，很少外出，食物和日用品大都由住在附近的女儿女婿送来。一天，我出门上班，刚好看到老头儿在取报纸。我无意中看见他家挂在楼道里的报箱并未上锁，而是用铜线弯成圆圈将箱门连接上。取报时，主人稍微转动一下铜圈，箱门便打开了。我告诉他应该把箱门锁上，以防报纸丢失。老人听后，点头答应，可事后，我看到他的报箱依然如故。在我又一次提示后，老人说："锁是用来防小偷的。现在楼里住户大都订了报刊，就不会出现家贼；小区里还有保安，丢报纸的可能性很小；再说，能成为邻居是缘分，要多信任、少戒心，尽量不要人为设置障碍。"我听了老人一番话，也认真效仿起来。果然，半年多的时间过去了，不愉快的事情从未发生。而我也惊喜地发现，楼道里不用锁的报箱越来越多了。

8. 问：老人是说话人的什么人？
9. 问：说话人跟老人在哪里相遇的？
10. 问：关于报箱上锁这件事，老人是什么看法？

第三节 人物职业

录音材料

第一部分

1. 女：咱们家下水道又堵了，你快想办法修修。
   男：算了吧，我也没辙。你给小王打个电话不就行了？
   问：小王是干什么的？

2. 男：您好，请出示您的驾照，红灯都亮了。
   女：同志，不好意思，我有急事，下次一定注意。
   问：男的是做什么的？

3. 女：女儿又不在家？
   男：整天忙，除了写东西就是出差。这不，刚休了两天，又去北京采访"两会"了。
   问：男的的女儿是做什么工作的？

4. 女：我希望做完以后看起来年轻一些，对了，还要好打理。
   男：您的发质比较细软，发量也不多，我先帮您设计一下。
   问：男的是做什么的？

5. 女：哥哥怎么还不回来？
   男：刚才打来电话说有个急诊，情况很严重，得马上处理，一时半会儿回不来。
   问：女的的哥哥是做什么工作的？

第二部分

6～7题是根据下面一段对话：

女：李导，《探索·发现》这一栏目自开播以来就受到观众的喜爱，您能谈谈创办这样一档栏目的初衷吗？

男：我一直想做一档科普类的栏目，满足观众对科学知识的需求。

女：《探索·发现》是您所倡导的"纪录片娱乐化"的具体体现吗？

男：是的，这是一次成功的尝试。我们通过讲述精彩的故事，设置引人入胜的悬念，同时运用声、光、电等技术手段还原故事的场景，探寻自然界的神奇奥秘，挖掘历史事件背后的细节和人物的命运，展示中华文明的博大恢宏。从秦始皇陵到北洋军阀，从神秘的古墓到来去无踪的UFO*，《探索·发现》一直用最真实的记录，"在未知领域努力探索，在已知领域重新发现"。

女：扩版后的《探索·发现》将会有哪些改变？

男：扩版后，这一栏目将在保持原有品质的基础之上，开拓新的题材领域，在选题的时效性和贴近观众的兴趣点上下功夫，使节目更具观赏性。

6. 问：男的是做什么的？

7. 问：关于《探索·发现》，下列哪一项正确？

8～10题是根据下面一段话：

任光文虽然今年80多岁了，但依然精神矍铄，整天不知疲倦地忙碌着。2007年，一群迷路的蜜蜂飞停在他家筑巢。为留住这些蜜蜂，2008年春，任光文前往四川学习养蜂技术。他与蜜蜂从此结缘。以前他家里子女多，几十年来，任光文养蚕、种庄稼、打小工，带着一群孩子长大成人，吃过很多苦。没想到，老年靠着一群不期而遇的蜜蜂，他享受了生活的甜蜜。养蜂后，任光文用电脑在网上查技术，所有经验都细心记录在笔记本上，他在实践中慢慢摸索出一套养蜂方式。他卖出了上千桶蜜蜂，记不清教了多少徒弟，全县各乡镇都有人上门购蜂、学技术。养蜂赚钱的消息随着大家收入的增加口口相传。如今，凤冈县的养蜂人遍布各乡镇，方兴未艾的蜂蜜产业成为人们脱贫奔小康的一把金钥匙。

8. 问：关于任光文，下列哪一项正确？

9. 问：任光文的蜜蜂是怎么来的？

10. 问：任光文是做什么的？

第四节　单元测试

录音材料

第一部分

1. 男：爸怎么不在家？又去老年活动中心了？

   女：可不是嘛，原来我还担心他不适应退休生活呢，没想到他的状态调整得还挺好。

   问：说话人最可能是什么关系？

---

* UFO：不明飞行物。英语 unidentified flying object 的缩写。

2. 女：最近忙吗？现在还天天练武术吗？
   男：没有，最多一周练一两次吧。我选修了东方文学课，有很多书要读。
   问：男的最可能是什么身份？

3. 男：今天是星期三吧？差点儿忘了今天下午还要开会。
   女：多亏你提醒，要不我也忘了。
   问：说话人是什么关系？

4. 女：你不知道吗？比赛期间，任何队员都不能随便外出。
   男：我事先跟教练打过招呼的，他同意了。
   问：男的最可能是什么身份？

5. 女：今天晚上钱教授要来讲研究生论文写作方法，你想去听吗？
   男：当然要去，机会难得啊。
   问：说话人最可能是什么身份？

6. 女：担任执行总裁？我恐怕不行吧？
   男：你别推辞了，这是公司对你的信任，也是对你能力的肯定。
   问：说话人最可能是什么关系？

7. 男：我看了你的简历，你好像没做过会计。
   女：我虽然没有实际工作经验，但是我的本科专业是会计，对这方面还是很熟悉的。
   问：说话人是什么关系？

8. 男：昨天的那个小李打电话来了，他说又找着了一套。
   女：是吗？太好了，趁着午休时间，我去看看户型。
   问：小李是做什么的？

9. 女：儿子对象棋很感兴趣，要不我们给他报个辅导班？
   男：我看可以，不过你还是先征求一下他的意见吧。
   问：说话人是什么关系？

10. 女：恭喜您儿子当上了律师！
    男：还恭喜呢，我正发愁退休以后饭店不知让谁来管理呢。
    问：男的最可能是什么身份？

第二部分

11～13题是根据下面一段对话：

女：各位听众，大家好！今天我们请来了高级心理咨询师张老师。张老师，您好。

男：主持人好，听众朋友们好。

女：我们今天的话题是"如何培养孩子的领袖气质"。有的家长可能会说，我没想让孩子成为领袖，只要孩子能快乐地做他喜欢的事情就好。那么，请问张老师，领袖气质和领袖是一回事吗？

男：领袖气质不同于领袖。领袖是一种社会角色，不是所有的人都能成为领袖。领袖气质是指一个人在团队里的言行能够被团队认可，指引着团队的某些决策和行动，对团队中的其他成员有着正面的积极影响。家长希望孩子快乐，而孩子能够被团队所认可是他最快乐的事情。当然，具备了领袖气质后，孩子更有机会和能力成为领袖。

女：也就是说，孩子有了领袖气质以后，他才能更好地融入团体，更好地处理人际关系，能更快乐地做事和做成事。

男：是的，您理解得很对。

11. 问：说话人是什么关系？
12. 问：他们在谈论什么？
13. 问：根据对话，为什么要培养孩子的领袖气质？

14～16题是根据下面一段对话：

女：韩博士，您做了这么多年的建筑设计，最满意自己的哪部作品呢？

男：下一个。严格说来，比较满意的作品正在建造中。

女：建筑设计是个漫长的过程，在这个过程中，您对哪个阶段最投入？

男：虽然我是做设计的，按理说应该对方案的制订阶段最投入，但我现在最投入的是后面的实现阶段，这也是目前最困扰我的阶段。比如说你的图画得再漂亮，方案做得再好，到时候交给工人，工人说这个东西根本做不出来，怎么办？所以，我们不仅仅是设计者，还是策划者，要从一开始就考虑自己设计的东西如何才能实现，这个特别难。

女：建筑的技术和艺术，您觉得哪方面更重要？

男：其实在建筑领域，技术与艺术始终是从与主的逻辑关系。所以讨论二者的关系，绝不能放在一个层面进行，因为二者并不是一个层次的概念。技术的进步只是在建筑艺术的发展方面起着刺激作用。

14. 问：男的是做什么的？
15. 问：男的怎样看待建筑技术与艺术的关系？
16. 问：关于男的，下列哪一项正确？

17～18题是根据下面一段话：

文文从小就是个乖乖女，学习刻苦，遵守纪律。大事小事，尽管妈妈也要征求她的意见，但上

录音材料、答案与解析

哪所学校，念什么专业，甚至跟什么人交朋友，基本上都是妈妈说了算。可是到了大学阶段，听话的文文竟然违反了乖乖女的各种规矩，越来越有主见，越来越能干、独立了。尽管她的成绩仍然是第一名，但她不再甘于当"好学生"：她逃课去听各种讲座，出席欧盟商会的鸡尾酒会，做志愿者，拍电影，学摄影，加入了学生会，并担任了学生会主席，还组织各种社会活动。妈妈以前要她当外交官的计划，在她眼里"实在没什么意思"，她觉得经商才是自己的目标。

17. 问：关于文文，我们知道什么？
18. 问：文文的妈妈想让她做什么？

19~20题是根据下面一段话：

在一次世界优秀指挥家大赛的决赛中，一位年轻的指挥家按照评委会给的乐谱指挥演奏，他敏锐地发现了不和谐的声音。起初，他以为是乐队演奏出了错误，就停下来重新演奏，但还是不对。他觉得是乐谱有问题。这时，在场的作曲家和评委会的权威人士坚持说乐谱绝对没有问题，是他错了。面对一大批音乐大师和权威人士，他思考再三，最后斩钉截铁地大声说："不！一定是乐谱错了！"话音刚落，评委席上的评委们立即站起来，报以热烈的掌声，祝贺他大赛夺魁。原来，这是评委们精心设计的"圈套"，以此来检验指挥家在发现乐谱错误并遭到权威人士"否定"的情况下，能否坚持自己的正确主张。前两位参加决赛的指挥家虽然也发现了错误，但终因随声附和权威们的意见而被淘汰。这位年轻人却因充满自信而摘取了世界指挥家大赛的桂冠。

19. 问：关于那位年轻的指挥家，下列哪一项正确？
20. 问：他为什么能赢得比赛的第一名？

答案

| 1. B | 2. C | 3. A | 4. C | 5. C | 6. B | 7. D | 8. B | 9. A | 10. D |
| 11. D | 12. D | 13. C | 14. D | 15. C | 16. C | 17. B | 18. C | 19. A | 20. C |

详细解析

1. 正确答案是B。从男的的话中可知，他父亲不在家，去了老年活动中心。女的说她原来担心男的的父亲不适应退休后的生活，从两人说话的语气和内容可推断，女的是母亲，二人是母子关系。因此，选项B符合题意。

2. 正确答案是C。女的问男的"现在还天天练武术吗？"，从这个问句可知，男的以前经常练习武术，但这并不说明他是教练或者武术家，可排除选项A、D；从男的的话中可知，他选修了东方文学课，"选修"和"课"这两个关键词说明他是个学生，选项C符合题意。

3. 正确答案是A。从男的的话中可知，今天下午要开会，女的说"多亏你提醒"，说明女的也忘记了这件事，两人都要开会，由此可知，两人一起工作，是同事关系。因此，选项A符合题意。

4. 正确答案是C。从女的的话中可知两个信息：一是现在是比赛期间，二是队员不能随便外出。男的说他跟教练打过招呼，由此可推断，男的是运动员。因此，选项C符合题意。

5. 正确答案是 C。女的问男的想不想去听研究生论文写作方法讲座，男的回答要去，由此可推断，两个人应该都是研究生。因此，选项 C 符合题意。

6. 正确答案是 B。执行总裁是指一个公司或企业中负责日常事务的最高行政官员，又称作行政总裁、CEO 等。女的对自己要担任执行总裁这件事表示怀疑和推脱，男的在鼓励她，说明他们应该在一起工作，最可能的关系是同事。因此，选项 B 符合题意。

7. 正确答案是 D。由"简历""工作经验""本科专业"这几个关键词可知，女的是在找工作，他们应该是招聘者和应聘者的关系。因此，选项 D 符合题意。

8. 正确答案是 B。从男的的话中可知，小李帮女的找到了什么，女的说要去看户型，由此可知，小李帮女的找到的是房子，帮客户找房子是房产中介的工作。因此，选项 B 符合题意。

9. 正确答案是 A。女的对男的说儿子对象棋很感兴趣，问男的是否给他报辅导班，男的表示同意，但要征求儿子的意见。商量孩子的事是父母经常做的，由此可推断，说话人是夫妻关系。因此，选项 A 符合题意。

10. 正确答案是 D。从女的的话中可知，男的的儿子当上了律师，不是男的当上了律师，可排除选项 A；男的说自己正在发愁，不知道退休以后饭店让谁来管理，由此可知，男的还没有退休，可排除选项 B；从男的的话中可推断，原本男的是想让自己的儿子将来管理饭店，由此可知，男的是饭店的老板。因此，选项 D 符合题意。

11. 正确答案是 D。从女的说的"各位听众，大家好"可推断，这是电台的一个节目，说话人应该是主持人和嘉宾的关系。因此，选项 D 符合题意。

12. 正确答案是 D。女的说今天的话题是"如何培养孩子的领袖气质"。因此，选项 D 符合题意。

13. 正确答案是 C。男的认为，培养领袖气质与培养领袖不同，可排除选项 D；他进一步解释，培养领袖气质可以让一个人在团队里的言行能够被团队认可，女的说孩子有了领袖气质以后，才能更好地融入团体和处理人际关系，两人的话的意思是培养领袖气质可以让孩子在团队中更受欢迎，选项 C 符合题意。

14. 正确答案是 D。从对话中可知，男的从事的工作是建筑设计。因此，选项 D 符合题意。

15. 正确答案是 C。关于这个问题，对话中并没有给出明确的答案，但可以从男的的话中推测出他的观点。男的认为，技术与艺术是从与主的逻辑关系，也就是说，艺术是主要的，技术处于从属的次要地位。因此，选项 C 符合题意。

16. 正确答案是 C。这道题考查的是考生的综合判断能力。女的称呼男的为"韩博士"，说明男的已经获得了博士学位，可排除选项 A；女的询问男的在设计过程中对哪个阶段最投入，这句话其实是想问男的更注重什么，男的回答"现在最投入的是后面的实现阶段"，也就是说，他更注重设计的实施过程，选项 C 符合题意；选项 D 是男的打的比方，并不是真的；选项 B 对话中没有提到。

17. 正确答案是 B。这段话讲述了文文的成长经历。从这段话中可知，文文从小就是个乖乖女，"乖乖女"是指温顺听话的女孩儿。但是她上大学以后有了很大变化，不再甘于当"好学生"，这里的"好学生"是指只知道学习的学生，她开始尝试各种事情。因此，选项 B 符合题意。

18. 正确答案是 C。这段话中提到"妈妈以前要她当外交官"。因此，选项 C 符合题意。
19. 正确答案是 A。这道题考查的是考生的综合判断能力。从这段话中可知，那位年轻的指挥家发现了乐谱中的错误，说明他对乐谱是熟悉的，可排除选项 D；评委们都说"乐谱绝对没有问题"，因为这是评委们为参赛者设计的一个"圈套"，但是那位指挥家还是坚持自己的意见，说明他没有掉进圈套，可排除选项 C；根据这段话最后的"这位年轻人却因充满自信而摘取了世界指挥家大赛的桂冠"可知，选项 A 符合题意。"摘取桂冠"的意思是获得冠军。
20. 正确答案是 C。这段话讲述的是一位年轻的指挥家敢于质疑权威，坚持自己信念的故事。在比赛期间，那位指挥家发现了错误，但是在场的音乐界权威人士都说没有问题。年轻指挥家敢于坚持己见，不随声附和权威的意见，所以赢得了比赛的冠军。因此，选项 C 符合题意。"随声附和"是指自己没有主见，别人怎么说，就跟着怎么说。

第五单元　语气与态度判断

第一节　语气与态度（一）

录音材料

第一部分

1. 女：你为什么不回答我？
   男：你这哪儿是提问？纯粹是故意刁难人！
   问：男的是什么语气？

2. 男：事情办得怎么样了？有眉目了吗？
   女：还眉目呢！已经乱套了！
   问：女的是什么语气？

3. 女：年纪轻轻别整天愁眉苦脸的。
   男：年轻？我都 35 岁了，孩子都上小学了。
   问：男的是什么意思？

4. 男：听说你的好朋友老王跳槽去了一家国企当经理，年薪 30 万。你那么优秀，有没有考虑换工作呀？
   女：公司已经对我够好的了，我还能要求什么呢？
   问：女的是什么意思？

5. 男：对不起，陈经理，您刚才交代了什么任务？能再说一遍吗？我忘了。
   女：小张啊，你这个工作态度怎么能做好工作呢？
   问：女的是什么语气？

第二部分

6～7题是根据下面一段对话：
   男：你知道这次学术会议在什么地方举行吗？
   女：之前一直没有定下来，最后安排在首都大酒店了。
   男：嗯，听起来很气派。这地方好像离咱们单位不远吧？
   女：走路就十五分钟左右，你说呢？
   男：那太好了！
   女：你打算参加这个会议呀？
   男：是啊。我听说这个会议的主题是关于教育技术与教育现代化的，我特别感兴趣。
   女：哦，但是我听说这个会议的级别是顶尖的，对参会者的要求很高，以你的条件恐怕……
   男：我是博士毕业，要求还能高到哪里去？
   女：除了需要提交三篇论文以外，还需要五年以上的从业经验。
   男：不会吧？
   女：这是会议通知，你自己看看就知道了。
   男：我看看……嗯，我刚工作一年，那还是算了吧。

6. 问：女的对男的打算参加学术会议是什么态度？
7. 问：男的听到会议要求后是什么反应？

8～10题是根据下面一段话：

   某公司招聘时，只问了应聘者一个问题：你怎么看待加班？最后一位年轻人脱颖而出。他的回答是这样的："首先，如果是工作需要，我会主动加班，因为公司的利益就是我的利益；其次，我会考虑如何提升我的工作能力，尽可能减少不必要的加班；最后，如果我经常被领导要求加班，那说明这是我个人的问题，我需要反省。"

   有人向面试官抱怨："面试中有很多比他更优秀的人，为什么最后却决定录用他呢？"

   面试官回答说："的确还有比他条件更优秀的，但我却找不到一个像他这样懂得自我批评，不找借口，而主动从自身找原因的。"

8. 问：那家公司问了应聘者什么问题？
9. 问：下列哪一项是那个年轻人的观点？
10. 问：面试官觉得那个年轻人的优势在哪儿？

录音材料、答案与解析

第二节　语气与态度（二）

录音材料

第一部分

1. 男：唉，这下算是没救了。
   女：到底出了什么事？你倒是说话呀！
   问：女的是什么语气？

2. 女：你看看，又红又紫的，赶快去医院上点儿药吧。
   男：没什么大不了的，不就碰破了点儿皮吗？
   问：男的是什么态度？

3. 男：怎么搞的？堂堂大学教授，连个像样的研究室都没有。
   女：这还不像样？我觉得挺好的。
   问：男的是什么态度？

4. 男：唉，那么简单的材料，到现在都没有整理好。
   女：那也得有人去做才行啊！我有什么办法？
   问：女的是什么语气？

5. 男：他还没到吗？
   女：真是的！说好6点在这儿见面的，现在都快7点了，还不见人影。
   问：女的是什么语气？

第二部分

6～7题是根据下面一段对话：

男：看你开心的样子，一定有什么好事吧？
女：没什么事呀，我刚跳完健身操回来。
男：中午这么点儿时间还能去锻炼啊？
女：只有这个时间合适。我晚上回家要做饭，周末要带孩子去上才艺班，再说，我家周围也没个好点儿的健身房。
男：你去的是咱们楼下新开的健身房吧？听说那家还不错。
女：是的。那里的更衣室和淋浴间都很宽敞，课程有瑜伽、拉丁舞、健身操等20多种。
男：那我也去看看。我们男的可不跟你们去跳健身操。
女：你要去就赶紧去吧。那里有很多健身器材，很多男的在那儿练肌肉。为庆祝开张，这几天办卡还有六折优惠呢。
男：这么大的优惠，那我明天就去。

6. 问：关于新开的健身房，下列哪一项正确？
7. 问：女的对新开的健身房是什么态度？

8～10题是根据下面一段话：

有个孩子在同学中的人缘很不好，因为大家认为他经常"说谎"。如果他捡到一块怪异的石头，就会对同学们说："这是一枚宝石，可能价值连城。"同学们都笑话他，可是他并不在意，继续对身边的东西发表另类的看法。久而久之，老师把他的问题反映到孩子的父亲那里。父亲听了，却认为孩子不是在撒谎，而是在想象。

有一次，孩子在泥地里捡到了一枚硬币，他神秘兮兮地拿给他的姐姐，说："这是一枚古罗马硬币。"姐姐拿过来一看，发现这只是一枚十分普通的旧硬币，只是由于受潮生锈，显得有些古旧罢了。孩子的姐姐便把这件事告诉了父亲，希望父亲好好惩罚他，让他改掉令人讨厌的"说谎"习惯。可是父亲却把孩子叫过来，对他说："我怎么能责备你呢？你的想象力真伟大。"对于孩子父亲的怂恿行为，许多人不以为然，认为这势必会害了孩子，他长大以后会变成一个满口假话的人。但是，谁也没有料到，这个孩子长大以后却成了著名的科学家。

8. 问：这个孩子是一个什么样的人？
9. 问：这个孩子的姐姐对他是什么态度？
10. 问：对于孩子父亲的做法，别人是什么态度？

第三节　语气与态度（三）

录音材料

第一部分

1. 女：你今年到底出不出国啊？
   男：出什么呀？到现在签证还没办下来呢。
   问：男的是什么意思？

2. 女：早点儿去，去晚了银行就关门了。
   男：到处都是自动取款机，还怕取不到钱？
   问：男的是什么意思？

3. 男：咱张总还真有两下子，项目说搞就搞起来了。
   女：那还用说？张总是谁啊！
   问：女的提到张总是什么语气？

4. 男：要不是你提醒我，这件事肯定又搁下了。
   女：我就知道你好忘事，专门替你想着呢。
   问：男的是什么语气？

5. 女：早知道这种药的副作用这么大，我就不吃了。
   男：好在没出什么大问题，下次先问清楚就是了。
   问：男的是什么语气？

第二部分

6～8题是根据下面一段对话：
   女：小王，怎么最近上下班在班车上看不到你了？
   男：我一个月前买了一辆大众，现在每天开车上班，所以不坐班车了。
   女：你买车了？太好了！恭喜你！开车上班的感觉怎么样？不错吧？
   男：嗯，还挺新鲜的。不过我毕竟是新手，刚拿到驾照没多久，路上车一多我就害怕，尤其害怕倒车，每次倒车都心惊胆战的。
   女：不用担心，慢慢就会习惯的。开车上下班时间上比较自由。对了，那下周末咱们公司全体去郊区玩儿，你要自己开车去吗？
   男：我还没开车去过郊区呢，路不熟，我还是坐公司的车去吧。
   女：那倒是，没去过的话，还是坐车去比较轻松。改天我想坐坐你的车，可以吗？
   男：没问题。你什么时候想坐，尽管说。

6. 问：女的对男的买车是什么反应？
7. 问：公司下周末有什么活动？
8. 问：关于男的，我们知道什么？

9～10题是根据下面一段话：
   我和妻子到楼下"品四川"去吃饭。见我们进来，一个女孩儿立刻走过来，热情地招呼我们。和她一聊才知道，我们居然是老乡。吃完饭，我和妻子走到半路，感觉刚才那个女孩儿找给我俩的钱不对劲，一查，多了10元钱，就赶紧回去退钱。老板见我俩又转回来，吃了一惊。听明白怎么回事后，老板脸上马上堆起了笑容："太谢谢你们了！你们真是好人啊。"回到家里，我和妻子的心里都美滋滋的。过了几天，我和妻子又到这家饭馆吃饭。吃到一半时，我忽然想起没有看到那个老乡，便问老板她去哪儿了，老板不自然地笑了笑说："噢，她……她出去买菜了。"不一会儿，老板到门外去招呼其他客人，我问走过来给我们倒水的服务员："你们老板怎么说话支支吾吾的？"那个服务员朝门外看了看，小声说："别提了，那个女孩儿因为给你们找错了钱，被老板开除了。其实，那天你们不把多找的钱送回来就好了。"我和妻子再也吃不下饭了。

9. 问：关于那个女孩儿，下列哪一项正确？
10. 问：说话人和妻子为什么吃不下饭了？

第四节　单元测试

录音材料

第一部分

1. 男：你们怎么还不开始？
   女：我们就等你一句话了。
   问：女的是什么意思？

2. 男：咱们老板今天这样说，明天那样说，一点儿准儿也没有。
   女：话不能这么说，情况不是在不断变化的吗？
   问：女的是什么意思？

3. 男：这酒店条件太差了！我每天都要运动，连个健身房都没有怎么行啊？
   女：出门在外，你别太挑了啊。
   问：女的是什么态度？

4. 男：别再追根究底了，你的语文课本就是他拿走的。
   女：真是的！拿人家东西也不说一声。
   问：女的是什么语气？

5. 女：这次讲座怎么样？
   男：没的说。专家就是专家，不服不行。
   问：男的觉得这次讲座怎么样？

6. 男：看看咱们的儿子，这学期数理化门门都和以前不一样了。
   女：是啊，就连最差的体育都上去了。
   问：女的是什么语气？

7. 男：听小张说，这次首都博物馆的国画艺术展棒极了。
   女：我也早就听说了，特别想去见见世面。
   问：女的是什么语气？

8. 女：王芳真的是太忙了，走路都是小跑的。
   男：她再忙，见面的时候总该有时间跟咱们打个招呼吧？
   问：男的是什么态度？

9. 男：手机修好了，你看看满意吗？
   女：真没想到你还有两下子。
   问：女的是什么语气？

录音材料、答案与解析

10. 女：怎么搞的？打印机又出故障了，我按了半天，一直没反应。明明昨天刚修好的。
    男：怎么可能那么快就出问题了呢？让我看看。
    问：男的是什么意思？

第二部分

11～12题是根据下面一段对话：
    女：早，你今天怎么了？一脸憔悴的样子，怎么这么没精神？
    男：郁闷死了，这几天都特别晚才睡着。昨天晚上1点睡的，今天困得眼睛都睁不开了。
    女：熬夜了呀？谁让你那么晚才睡呢？肯定是玩儿电脑游戏来着吧？你们男生啊，就是喜欢熬夜玩儿游戏。
    男：玩儿什么游戏呀？昨晚我不到10点就躺下了。今天上午有计算机考试，我不可能拿考试开玩笑。
    女：那你为什么1点才睡呢？
    男：别提了，这几天晚上我同屋总在宿舍里煲电话粥。昨天晚上他打电话打到1点，吵得我一直睡不着。
    女：打电话打到1点？
    男：谁说不是呢？
    女：那你得和你同屋谈谈。要是老这样怎么行？
    男：怎么没谈啊？可就是不管用。

11. 问：男的为什么特别晚才睡？
12. 问：男的对这件事是什么态度？

13～15题是根据下面一段对话：
    男：张老师，听说您是研究少年儿童心理教育的，您觉得读懂孩子最重要的是什么？
    女：我觉得最重要的就是爱孩子。当你发自内心地爱孩子的时候，孩子就会感觉到你是真心爱他，他就会把心交给你。
    男：现在五到七岁的孩子中有很多"问题孩子"，家长应该怎么办呢？
    女：最重要的就是培养孩子的自信。这个阶段的孩子最需要家长发现他好的那一面，给他肯定。比如说，我自己小的时候就特别喜欢画画，每次给妈妈看，她都热情地夸奖我，还说我是画画的天才，所以我就特别爱画画。
    男：可是很多家长很少夸奖自己的孩子，有时甚至还会当着外人的面严厉批评孩子，这样做是不是会伤害孩子的自尊心呢？
    女：是的。有些家长那样做很可能是因为对自己的孩子期望值太高。我们要帮助孩子充分建立自信，而不是相反。
    男：看来教育孩子的确有不少学问，下次我还得来向您请教。

13. 问：女的认为读懂孩子最重要的是什么？
14. 问：女的讲自己小时候画画的经历是为了说明什么？
15. 问：为什么有些家长会当着外人的面批评孩子？

16～18题是根据下面一段话：

刚刚学会开车的小马美滋滋地驾驶着一辆小轿车出发了，他要去郊区度周末。

刚驶进郊区，清新的空气便扑面而来，心情大好的小马边开车边欣赏着路两旁的美丽风景。这时，一辆迎面而来的大货车突然放慢了速度，两车靠近的瞬间，货车内满脸胡子的司机迅速降下车窗，探出头来冲小马大叫了一声："驴！"

这突如其来又莫名其妙的侮辱一下子把小马击晕了。"他什么意思？是说我把车开得左摇右晃，还是说我长得像驴？"小马越想越生气，越想越堵心，于是他也降下车窗，回头骂了一句："你才是驴！"

话音还没落，小马的车便迎头撞上了一群正在穿过马路的驴。

16. 问：货车司机为什么冲小马大叫了一声"驴"？
17. 问：听到货车司机冲他叫"驴"，小马是什么心情？
18. 问：这段话主要想告诉我们什么？

19～20题是根据下面一段话：

大学刚毕业的小刘在一家销售公司做业务员，每天都在推销产品。

小刘读书时的理想是当编辑或作家，没想到自己竟做了推销员的工作，他感到很失望。

一天下午，他路过一个广场时，见到一位老人正拿着一米多长的毛笔蘸水在地上写字，字迹不一会儿就随着水的蒸发消失了。围观的人都说老人的书法好，只是写在地上一会儿就没有了，太可惜了。他也深有同感。

趁着老人休息时，他忍不住对老人说："您这么好的字真是可惜了，写在纸上多好啊，估计得卖好多钱呢。您这样写在地上真是做了无用功。"

老人笑呵呵地对他说："我每天出来在地上写写字，呼吸呼吸新鲜空气，锻炼锻炼身体，不仅有个好心情，还练习了毛笔字，怎么能说这是做无用功呢？"

了解了他的情况后，老人对他说："年轻人要把自己的经历当作人生的一份财富，多积累经验，多提高能力，不要计较一时的得失。"

小刘觉得老人的话十分有道理。爱好写作的他一边工作，一边坚持写作。在跑业务的过程中，他积累了很多写作素材。多年后，他进入了一家报社做编辑，实现了自己当初的梦想。

19. 问：对老人的做法，小刘最初是什么态度？
20. 问：老人说话时是什么心情？

录音材料、答案与解析

答案

1. C	2. B	3. D	4. A	5. B	6. A	7. B	8. C	9. A	10. C
11. C	12. B	13. C	14. D	15. D	16. C	17. D	18. A	19. A	20. A

详细解析

1. 正确答案是 C。男的问为什么还不开始，女的说就等男的一句话，意思是只要男的说开始他们就可以开始，由此可知，决定权在男的的手里，选项 C 符合题意；等男的说话并不是等男的一起做，可排除选项 D。

2. 正确答案是 B。本题主要考查的是考生能否理解"一点儿准儿也没有"和"情况不是在不断变化的吗？"的意思，还要明确"话不能这么说"是反驳别人。"一点儿准儿也没有"意思是总在改变，不靠谱。男的说老板的话总在改变，女的不同意他的说法，先否定他的观点，然后为老板的做法找依据，因为情况是在不断变化的。因此，选项 B 符合题意。

3. 正确答案是 D。男的抱怨酒店条件太差，连个健身房都没有，女的劝他在外面不要太挑剔。因此，选项 D 符合题意。

4. 正确答案是 A。"追根究底"的意思是追究根源，查出事实真相。男的告诉女的不要再追根究底了，因为他很确定拿走女的的语文课本的人是谁，女的听后说了一句"真是的！"，这是对那个偷偷拿东西的人表示不满。因此，选项 A 符合题意。

5. 正确答案是 B。本题主要考查的是考生能否掌握"没的说"和"……就是……"在这个具体语境中的意义。"没的说"在对话中的意思是称赞这次讲座非常好。"……就是……"结构一般用来强调名副其实。对话中"专家就是专家"的意思是专家的水平就是和一般人不一样，比一般人高，与专家的称号很相配。后面男的还说"不服不行"，即让人不得不佩服。这些话虽然没有直接用好或者不好来评价这次讲座，但表达的意思是一样的，即讲座的水平很高，而且表达的语气更强烈。因此，选项 B 符合题意。

6. 正确答案是 A。男的说他们的儿子这学期数理化跟以前不一样了，女的回答"是啊"，表明女的同意男的的观点，"就连最差的体育都上去了"用"连……都……"结构加强了语气，进一步支持了男的的观点。从对话中可知，他们儿子的成绩是在进步，说话人对此感到满意。因此，选项 A 符合题意。

7. 正确答案是 B。本题主要考查的是考生能否领会对话中说话人的心情和态度。从男的说的"棒极了"可知，男的对国画艺术展十分赞赏和向往，从对话中还可知，二人对这次国画艺术展的了解都是从别人那里听说的，他们都还未亲眼见过。"见见世面"意为开阔眼界，增长见识。女的说"早就听说了，特别想去见见世面"，表达了盼望的心情和语气。因此，选项 B 符合题意。

8. 正确答案是 C。本题主要考查的是考生能否领会对话中说话人的心情和态度。对话中的"总该"是关键词，意思是无论如何都应该。男的对王芳见了他们不打招呼这一表现很不满，认为她再忙也应该打个招呼。因此，选项 C 符合题意。

9. 正确答案是 A。解答本题的关键在于理解"真没想到"所表达的语意。"真没想到"意思是出乎意料,对话中女的对男的会修手机这件事感到意外。因此,选项 A 符合题意。

10. 正确答案是 C。本题考查的是考生能否理解句式"怎么可能……呢?"。这个句式是通过反问表示不相信对方的说法。女的抱怨昨天刚修好的打印机又出故障时,男的用"怎么可能那么快就出问题了呢?"表示不相信。因此,选项 C 符合题意。

11. 正确答案是 C。从"这几天晚上我同屋总在宿舍里煲电话粥。昨天晚上他打电话打到 1 点,吵得我一直睡不着"可知,选项 C 符合题意;选项 A"打游戏了"是干扰项,女的猜测男的"肯定是玩儿电脑游戏来着吧",男的用"玩儿什么游戏呀?"这个反问句否定了女的的话,可排除选项 A。

12. 正确答案是 B。本题考查的是考生能否理解不满情绪的表达方式。通过"别提了""吵""就是不管用"等表达可推断,男的对此事很不满。因此,选项 B 符合题意。

13. 正确答案是 C。本题考查的是考生能否把握对话中的具体信息。当被问到"读懂孩子最重要的是什么"时,女的明确表示"我觉得最重要的就是爱孩子",选项 C 符合题意;选项 A、B、D 虽然也是读懂孩子所需要的,但是对话中并没有提到。

14. 正确答案是 D。本题考查的是考生能否把握对话中的具体信息并进行推理判断。对话中,女的在说到"最重要的就是培养孩子的自信"之后,讲了自己小时候画画的经历,显然她这是举例说明父母应该帮助孩子建立自信。因此,选项 D 符合题意。

15. 正确答案是 D。本题考查的是考生能否把握对话中的具体信息。男的说很多家长"有时甚至当着外人的面严厉批评孩子"后,女的回答"有些家长那样做很可能是因为对自己的孩子期望值太高"。因此,选项 D 符合题意。

16. 正确答案是 C。本题考查的是考生能否把握这段话中的具体信息并进行推理判断。货车司机冲小马大叫了一声"驴",小马觉得这是一种侮辱,还越想越气,冲动地回骂了一声,结果撞上了一群驴。由此可以推断,货车司机冲小马大叫"驴"是为了提醒他注意前面正横穿马路的驴。因此,选项 C 符合题意。

17. 正确答案是 D。本题考查的是考生能否把握这段话中的具体信息。小马在听到货车司机冲自己大叫一声"驴"时,感觉受到了侮辱,随后越想越生气,越想越堵心,最后冲对方回骂了一句,可见他异常愤怒。因此,选项 D 符合题意。

18. 正确答案是 A。本题考查的是考生能否把握这段话的主旨。这段话通过讲述小马误解好心人从而遭遇了本可避免的巨大损失的故事,告诫我们在弄清楚原因之前一定要控制好自己的情绪,以免冲动行事酿成大错。因此,选项 A 符合题意。

19. 正确答案是 A。本题考查的是考生能否把握这段话中的具体信息。根据这段话中的"围观的人都说老人的书法好,只是写在地上一会儿就没有了,太可惜了。他也深有同感"以及小刘说的"您这么好的字真是可惜了"可知,选项 A 符合题意。

20. 正确答案是 A。本题考查的是考生能否把握这段话中的具体信息。老人跟小刘说话时是"笑呵呵"的,他的话中也提到"有个好心情",由此可见,老人的心情是愉快的。因此,选项 A 符合题意。

录音材料、答案与解析

第六单元　推理判断

第一节　关系推理

录音材料

第一部分

1. 男：你不想再读一遍我写的诗歌吗？
   女：我已经尽力了，实在抱歉。
   问：女的是什么意思？

2. 女：听说小李要辞职，我觉得他肯定是在开玩笑。
   男：你怎么那么肯定？据我所知，他正在跟一些单位联系呢。
   问：男的是什么意思？

3. 女：喂，您好，麻烦您找一下王辉。
   男：对不起，我们这儿没有叫"王辉"的。
   问：根据对话，我们知道什么？

4. 男：要是照我说的路线走，现在咱们早坐在电影院里看了半个小时了。你让我来开。
   女：你开结果也是一样，我知道该怎么走了。
   问：根据对话，我们知道什么？

5. 女：你爬过长城吗？有句话说："不到长城非好汉。"
   男：别说是长城了，就连北京我都没去过。看来，我应该当一回好汉了。
   问：关于男的，下列哪一项正确？

第二部分

6～7题是根据下面一段对话：

男：李莉，没别的好吃的，多吃点儿水果吧。招待不周，请多多包涵。
女：你太客气了。对我来说，水果就是最好的东西。
男：那就好。看样子，女人都爱吃水果。我妹妹恨不得每天吃上八九种水果，你看，这些水果都是她买的。
女：怪不得你妹妹皮肤那么好，原来是水果的功劳。
男：你也认识她呀？我怎么不记得你们见过面呢？
女：你不记得上次咱们单位春游，你带她去了？
男：哦，我差点儿忘了，你记性真好。

女：听说水果美容是最健康、最自然的一种美容方式，可我没认真研究过。你妹妹在这方面一定非常精通吧。

男：她呀，说起这些头头是道的，还真像个美容专家呢。要是你感兴趣的话，改天你跟她聊聊。

女：好的，你帮我约约她。

6. 问：说话人是什么关系？

7. 问：关于男的的妹妹，我们知道什么？

8～10题是根据下面一段话：

如今，各种各样的信息通过不同的方式充满了我们的日常生活。举例来说，今天一份报纸上的信息也许相当于17世纪一个普通人一生接触的信息总和。研究表明，接收过量的信息会使人变得孤独，也会导致人际关系变差，有损心理健康。那么，如何在日常生活中避免这些问题，有效保护自己呢？首先，每天至少关上收音机、电视机两小时，这是阻止无用信息钻入脑子的简便方法；每星期还要把手机关上一段时间，让别人找不到你，从而让你自己有时间清醒头脑。其次，不要以为坐着不阅读就是浪费时间，实际上，大脑需要时间消化所接收的信息。专家建议，应该多花时间和别人面对面相处。

8. 问：根据这段话，人过量接触信息会怎么样？

9. 问：为什么每星期要关掉手机一段时间？

10. 问：这段话主要讲了什么？

第二节　信息推理

录音材料

第一部分

1. 女：这幅画儿怎么样？够不够专业水准？

   男：我看，科班出身的人也就这水平了。

   问：男的认为这幅画儿怎么样？

2. 男：我今天早上4点才睡。

   女：像你这么个拼法，还没等评上教授，就得累出病来。

   问：女的认为男的怎么样？

3. 男：我学了4年的经济管理，却让我去办公室工作，我的专业什么时候才能派上用场？

   女：你不能光发牢骚，机会要靠自己去争取。

   问：关于男的，我们知道什么？

4. 男：你看玲玲那难受样，我真想替她生病。
   女：虽说咱们也急得不得了，可得病这样的事谁也不能代替谁，咱们还是照顾好她吧。
   问：女的是什么意思？

5. 男：一到周末，孩子们回家休息了，咱们老两口儿就该"持证上岗"了。
   女：是啊，从大清早开始，鸡鸭鱼肉，连买带做，不过看见孩子们就开心哪！
   问：周末老两口儿要干什么？

第二部分

6～7题是根据下面一段对话：

男：早上好，欢迎收听校园广播。城市自行车赛即将开赛，我们今天有幸请到马老师来和我们聊聊与比赛相关的事情。
女：谢谢主持人。本次自行车赛是一场比赛，更是那些热爱娱乐的自行车手们开展的一项耐力测试。车手们参与这项赛事是为了锻炼身体或者娱乐，他们每年都努力刷新自己的成绩。
男：马老师，单程骑车需要花费多长时间？
女：一般的车手需要6至8小时，优秀的车手只需5小时左右。
男：那么多人参加比赛，出发时一定很乱吧？
女：不用担心，我们已经为这些可能出现的问题做好了准备。
男：谢谢马老师。希望这次比赛能够圆满举行。
女：我们也预祝参赛选手取得好的成绩。

6. 问：对话最可能发生在哪里？
7. 问：车手们为什么参加自行车赛？

8～10题是根据下面一段话：

一位科学家把100余只老鼠分成两组进行喂养，一组喂加糖的食物，另一组喂低糖的普通食物。结果，喂加糖食物的老鼠，其生育能力、生存能力和健康状况远不如喂普通食物的老鼠。因此，这位科学家把糖归为一种慢性毒药。当然，他所指的糖的毒，主要是从糖的功能和成分来分析的。而我认为，糖的毒主要来自糖的甜，是糖的甜惯坏了我们的胃口，惯坏了我们的行为和性情，让我们变得只知道享受，并在享受中消磨了我们的意志和斗志，让我们的生命变得脆弱，不能承受打击。生活中，有多少人因贪图一时的"甜头"，而最后尝尽了苦头。

8. 问：科学家为什么把糖归为一种慢性毒药？
9. 问：科学家所指的糖的毒主要是从什么方面来说的？
10. 问：说话人主要想告诉我们什么？

第三节　综合推理

录音材料

第一部分

1. 女：这次应该是十拿九稳了吧？
   男：我可不敢打包票。报名的人还是不少。
   问：男的是什么意思？

2. 男：这次都是我不好，我不该错怪你。
   女：过去的事就让它过去吧。
   问：女的是什么态度？

3. 男：你最近怎么样？听说你要买车了？
   女：还买车呢，我买的股票全赔了，都快喝西北风了。
   问：女的是什么心情？

4. 女：你这个人是怎么搞的？每次交代你的事你都忘了。
   男：都是我的不是，你可别往心里去。
   问：男的希望女的怎么做？

5. 男：你还不快点儿啊？大家都在等你呢。
   女：不是说好你们先开始吗？怎么还等我呀？
   问：男的是什么意思？

第二部分

6～7题是根据下面一段对话：

女：下班了，你还在忙什么呢？
男：我正在下载一个软件，还有两分钟就下完了。
女：什么软件？
男：清理系统垃圾的软件。装上这个软件，电脑速度会快很多。我的电脑太慢了。
女：那太好了。我的电脑最近也明显变慢了，正想找个人看看呢。不知道我用你下载的那个软件管不管用？
男：这得具体情况具体对待。一般来说，如果是系统垃圾太多的话，就可以用这个软件清理一下。但电脑变慢可能是因为别的原因，比如开机时加载的程序太多，桌面图标太多，系统安装的字体太多，等等。
女：唉，我在这方面还真是完全不懂。等哪天有空，还得麻烦你帮我看看。
男：没问题。不过，关于电脑变慢的原因和对策在网上都可以找到，你也可以试着操作一下。

录音材料、答案与解析

女：谢谢你的提醒。明天我试着操作一下，有不明白的地方再问你。
男：好的。

6. 问：男的为什么要下载软件？
7. 问：这个软件可以解决下列哪一项问题？

8～10题是根据下面一段话：

有人曾做过这样一个实验：在两个玻璃瓶里各放进5只苍蝇和5只蜜蜂。然后将玻璃瓶的底部对着有亮光的一方，而将开口朝向暗的一方。几个小时之后，5只苍蝇全都找到了出路，爬了出来，而那5只蜜蜂则全都撞死了。

蜜蜂为什么找不到出口呢？原来蜜蜂根据自己的经验认定：有光源的地方才是出口。它们每次朝光源飞都用尽了全部力量，被撞后还是不吸取教训，爬起来后继续撞向同一个地方。同伴的牺牲也不能唤醒它们，它们在寻找出口时也没有采用互帮互助的方法。

如果说蜜蜂属于教条型、理论型，而苍蝇则属于探索型、实践型。以苍蝇的智慧，它们就从来不会认为有光的地方才是出口；它们撞的时候也不会用上全部的力量；最重要的一点是，它们在被撞后知道回头，知道另外想办法。它们能从同伴身上获得灵感，合作与学习的精神让它们共同获救。所以，最终它们是胜利者。

8. 问：这个实验的结果是什么？
9. 问：关于蜜蜂，下列哪一项正确？
10. 问：下列哪一项与苍蝇无关？

第四节 单元测试

录音材料

第一部分

1. 男：我觉得李元太精明了，靠不住。
   女：谁说的？他跟我打交道，从来都是一是一，二是二。
   问：女的是什么意思？

2. 女：你们市这几年发展挺快啊，起了这么多高楼大厦，路也宽多了。
   男：比10年前是强多了，可跟上海比起来，就是小巫见大巫了。
   问：男的是什么意思？

3. 男：你看没看昨天晚上的音乐盛典颁奖晚会？
   女：不说我还不来气呢！我真搞不明白那些评委是怎么想的，我喜欢的歌手一个奖也没拿到。
   问：女的怎么了？

4. 男：小周那条裙子真花了3500块？
   女：不信吧？一开始我也不信。
   问：女的是什么意思？

5. 男：听说新年音乐会的门票已经卖完了，今年又错过了。
   女：那就等明年好了，反正年年的曲目都差不多。
   问：女的是什么意思？

6. 男：行李不少，你一路小心，照顾好自己。
   女：好的，放心吧。车快开了，你走吧。
   问：对话最可能发生在哪里？

7. 女：你看看我的电脑，速度是越来越慢了，难道又中病毒了吗？
   男：是你装的东西太多了，该删的就得删掉。
   问：男的认为女的应该怎么做？

8. 男：领导让我来主持会议，这样的任务我头一回接，心里真有点儿紧张。
   女：这有什么？谁没有头一回？
   问：关于男的主持会议这件事，女的是什么看法？

9. 男：你的报道写得怎么样了？
   女：提纲刚提交，还得看看领导有什么意见。
   问：女的是什么意思？

10. 女：你看我的房子设计得怎么样？
    男：整体感觉还不错，但是鱼缸摆在这儿有点儿不合适。
    问：关于女的的房子的设计，男的是什么看法？

第二部分

11～12题是根据下面一段对话：

女：小张，你的论文进展得怎么样了？
男：快好了。我盯着电脑屏幕看了好几天了，眼睛都疼死了。
女：最近我看了一些关于电脑和眼病的文章，文章说眼睛发干和视疲劳通常是由眨眼不够引起的。
男：眨眼？我想我需要的是一副新眼镜。
女：不是。当你眨眼时，尽管闭眼和睁眼的速度很快，但是这些动作能帮助你湿润眼睛。
男：言之有理，但这和电脑有什么关系？

女：用电脑的人常常盯着显示器，并且比正常情况下更少眨眼。

男：原来是这样啊。

女：但最好的方法还是让眼睛休息一会儿，看看远方。

男：知道了，以后我用电脑的时候要注意保护视力。

11. 问：他们在谈论什么？

12. 问：关于男的，我们知道什么？

13～15题是根据下面一段对话：

女：最近忙什么呢？你找工作的事有消息了吗？

男：刚通过第一轮考试，那家单位通知说这周五还有一个面试。

女：真的吗？恭喜你！有多少人进入面试了？

男：听说有80个人报名，最后有4个人进入了面试。

女：你真厉害！那看起来还是挺有希望的。他们这次要招几个人？

男：就一个。他们的要求非常高，所以我还得认真准备一下。

女：嗯，那你要好好把握住机会。你可以在网上查查面试技巧，也许会对你有帮助。

男：我也是这么想的。以前我从没面试过，还真有点儿紧张，怕到时候连话都说不利索。

女：也不用紧张，有充分的准备就什么都不怕，要有信心。

男：谢谢，有问题我还得请教您。

女：没问题，预祝你面试成功。

13. 问：男的正在忙什么？

14. 问：女的认为可以通过什么途径了解面试技巧？

15. 问：关于男的，我们知道什么？

16～17题是根据下面一段话：

现在中小学普遍提倡"赏识"教育，认为好孩子是"夸"出来的。用鼓励的方式培养孩子的自信固然是一种好的方式，然而，中国青少年研究中心副主任孙云晓对此也提出了另一种看法。他认为，我们在提倡表扬、奖励、赏识的同时，不应该忽视"惩罚"在教育中的积极作用。

孙云晓强调，惩罚绝不等于体罚，更不是伤害，不是心理虐待、歧视、让孩子觉得难堪、打击孩子的自信心。惩罚是把双刃剑，是一种危险的、高难度的教育技巧。这一点必须意识到，弄不好会伤害人，必须要因人而异、适度。要顾及孩子的承受力、尊严，不要让孩子难堪。教育的前提是了解，了解的前提是尊重，不能把孩子的特点当缺点。惩罚的基本出发点和目的应该是让孩子为自己的过失负责。

16. 问：孙云晓对惩罚是什么看法？

17. 问：根据这段话，惩罚的目的是什么？

18～20题是根据下面一段话：

我们经常会用到创可贴，可是知道创可贴正确用法的人还真不是很多。由于创可贴的结构所限，一般只能用于较浅、整齐干净、出血不多而又不需要缝合的小伤口，从而起到暂时止血、保护创面的作用。但应该注意的是，创可贴的使用时间不宜过长。常见到有人直接把创可贴覆在伤口上，这是绝对不正确的，非常容易导致伤口感染。先将伤口清理干净，是使用创可贴前必不可少的一个步骤。

另外，如果贴在伤口上的创可贴被水浸湿，要立刻更换。因为创可贴的吸收能力很好，如果置之不理，伤口等于直接泡在水里，反而成了细菌滋生的温床。虽然市面上出现了防水创可贴，但其效果并不明显，尤其是贴在户外活动中最容易受伤的手关节部位，其防水性能完全得不到体现。

18. 问：把创可贴直接覆在伤口上会怎么样？
19. 问：关于防水创可贴，我们知道什么？
20. 问：这段话主要想告诉我们什么？

答案

| 1. B | 2. D | 3. B | 4. C | 5. C | 6. A | 7. B | 8. A | 9. C | 10. C |
| 11. D | 12. C | 13. C | 14. A | 15. B | 16. C | 17. D | 18. B | 19. C | 20. C |

详细解析

1. 正确答案是B。本题主要考查的是考生能否理解"一是一，二是二"的意义以及反问句"谁说的？"的语气和真正含义。"一是一，二是二"意思是根据事情本来的情况，应该怎样就怎样，形容对事情认真，一丝不苟。反问句"谁说的？"一般用来否定对方说的话。男的认为李元太精明，不可靠，女的先用反问句"谁说的？"表示不同意他的看法，然后进一步解释李元是一个做事认真的实在人。因此，选项B符合题意。

2. 正确答案是D。本题主要考查的是考生能否理解成语"小巫见大巫"的意义及用法。"小巫见大巫"本来是指小巫师见了大巫师，觉得没有大巫师高明，比喻小的或差的跟大的或好的一比，就显得差得远了。对话中女的称赞男的的城市发展很快，男的同意他们市比10年前强多了，可跟上海比就差得远了。因此，选项D符合题意。

3. 正确答案是B。本题主要考查的是考生能否理解"不说我还不来气呢！"并由此判断出女的的态度，再进一步听清女的生气的原因。"不说我还不来气呢！"意思是一提这件事，"我"就生气。男的问女的看没看昨天晚上的音乐盛典颁奖晚会，女的没有直接回答看还是没看，而是表明自己很生气，接着解释说自己不能理解评委们的做法，因为她喜欢的歌手没有得奖。因此，选项B符合题意。

4. 正确答案是C。本题主要考查的是考生能否理解"一开始我也不信"暗含的意思。男的用不相信的语气问女的小周的裙子是不是真的花了3500块钱，说明他觉得小周的裙子太贵了，女的没有直接回答是或不是，而是说自己一开始也不信，由此可知，女的也觉得小周的裙子太贵了，同时，也隐含着女的现在相信了的意思，即小周的裙子确实花了3500块。因此，选项C符合题意。

录音材料、答案与解析

5. 正确答案是 C。本题主要考查的是考生能否理解"……好了"和"反正……"的意义及用法，从而推断出说话人的真正意思。"……好了"常用于提出建议或解决办法，表示不在乎、没关系的语气。"反正……"表示解释原因。男的没买到新年音乐会的门票，还说"今年又错过了"，由此可知，男的觉得有点儿遗憾，女的安慰他没关系，明年再买也一样，因为每年的曲目都差不多，没什么可遗憾的。因此，选项 C 符合题意。

6. 正确答案是 A。本题主要考查的是考生能否把握对话中的关键信息并进行推理判断。"行李不少""一路小心""车快开了"等都是在车站送别时的常用语，由此可知，对话最可能发生在车站。因此，选项 A 符合题意。

7. 正确答案是 B。本题主要考查的是考生能否把握对话中的关键信息并进行推理判断。对话是围绕着电脑速度慢展开的。女的怀疑她的电脑中了病毒，男的否认了这一说法，可排除选项 A；男的认为女的"装的东西太多了"，电脑装的东西一般是软件，他建议"该删的就得删掉"，由此可推断，男的让女的把那些不必要的软件都删除，选项 B 符合题意；选项 C、D 对话中没有提到。

8. 正确答案是 A。本题主要考查的是考生能否领会对话中说话人的观点和态度。"头一回"是第一次的意思，男的因为头一回主持会议，有点儿紧张，女的对此却不以为然，连用了两个反问句，"这有什么？"的意思是没有什么（值得）紧张的，"谁没有头一回？"的意思是任何人都会有第一次（遇到某种困难）的经历，用不着担心和紧张。因此，选项 A 符合题意。

9. 正确答案是 C。本题主要考查的是考生能否领会对话中的内容要点或大意。女的说"提纲刚提交，还得看看领导有什么意见"，意思是她虽然写了提纲并交上去了，但要等领导提出意见后，才能写报道。因此，选项 C 符合题意。

10. 正确答案是 C。本题主要考查的是考生能否把握对话中的具体信息。根据对话，男的认为房子整体感觉不错，可排除选项 B、D；但他又提出"鱼缸摆在这儿有点儿不合适"，选项 C 符合题意；选项 A 对话中没有提到。

11. 正确答案是 D。本题主要考查的是考生能否领会对话的主旨大意。对话中谈到，男的因为连续几天用电脑写论文，眼睛很痛，女的告诉他最近她看的文章说因为用电脑时眨眼频率降低，眼睛得不到滋润，所以会导致眼睛发干和视疲劳，整个对话都是围绕"电脑影响眼睛的健康"展开的，选项 D 符合题意；选项 A、B、C 都不是对话的主要内容。

12. 正确答案是 C。本题主要考查的是考生能否把握对话中的具体信息并进行推理判断。男的说自己"盯着电脑屏幕看了好几天了，眼睛都疼死了"，说明他用电脑时没有注意保护眼睛，在对话最后，男的还说以后"用电脑的时候要注意保护视力"，由此也可推断，他以前不注意保护视力。因此，选项 C 符合题意。

13. 正确答案是 C。本题主要考查的是考生能否把握对话中的内容要点或大意。对话一开始，女的就问男的最近忙什么，接着问他找工作的事，后面的对话都是围绕着男的找工作这件事展开的。因此，选项 C 符合题意。

14. 正确答案是 A。本题主要考查的是考生能否把握对话中的具体信息。男的说自己需要认真准备，女的建议他"可以在网上查查面试技巧"。因此，选项 A 符合题意。

15. 正确答案是 B。本题主要考查的是考生能否把握对话中的具体信息并进行推理判断。男的说"刚通过第一轮考试，那家单位通知说这周五还有一个面试"，由此可推断，男的是应聘者，已通过第一轮考试，但还没有面试，可排除选项 A、C，并确定选项 B 符合题意；男的说"以前我从没面试过"，由此可推断，男的没有找工作的经验，可排除选项 D。

16. 正确答案是 C。本题主要考查的是考生能否把握这段话中的具体信息。这段话中说孙云晓认为"我们在提倡表扬、奖励、赏识的同时，不应该忽视'惩罚'在教育中的积极作用"，并没有说"赏识"教育和"惩罚"教育哪一个效果更好，可排除选项 B；孙云晓强调"惩罚绝不等于体罚，更不是伤害，不是心理虐待、歧视、让孩子觉得难堪、打击孩子的自信心"，由此可排除选项 A、D；他还认为"惩罚是把双刃剑，是一种危险的、高难度的教育技巧"，选项 C 符合题意。

17. 正确答案是 D。本题主要考查的是考生能否把握这段话中的关键信息。首先应该抓住选项关键词语 A "心理缺陷"、B "盲目自信"、C "认识""错误"、D "为……错误负责"，然后听清楚问题的关键词语"惩罚的目的"。这段话最后一句说"惩罚的基本出发点和目的应该是让孩子为自己的过失负责"，"过失"与"错误"是同义转换，选项 D 符合题意；选项 C 是迷惑项；选项 A、B 这段话中没有提到。同义转换是出题的常用技巧，考生应多加留意。

18. 正确答案是 B。本题主要考查的是考生能否把握对话中的具体信息。这段话中提到"常见到有人直接把创可贴覆在伤口上，这是绝对不正确的，非常容易导致伤口感染"，选项 B 符合题意；选择选项 A 的考生信息定位有误；选项 C、D 这段话中没有提到。

19. 正确答案是 C。本题主要考查的是考生能否把握对话中的具体信息，考生需要有细节准确定位与综合理解能力。首先，提前锁定选项关键词语 A "细菌"、B "户外运动"、C "效果"、D "吸收能力"，其次，听到问题的时候锁定关键词语"防水创可贴"，然后，在听录音的时候不断地对信息进行匹配。这段话中说"虽然市面上出现了防水创可贴，但其效果并不明显"。因此，选项 C 符合题意。

20. 正确答案是 C。本题主要考查的是考生能否领会这段话的主旨大意。讲话的主要观点往往在开头或者结尾处。这段话开头说"……知道创可贴正确用法的人还真不是很多"，后面介绍了创可贴适用的伤口类型以及使用注意事项，也就是告诉人们如何正确使用创可贴，选项 C 符合题意；选项 A、B、D 这段话中都提到了，但并不是这段话的主要观点。

录音材料、答案与解析

第七单元　口语格式、惯用语与熟语的理解

第一节　口语格式

录音材料

第一部分

1. 男：咱们组织一个文学社团怎么样？
   女：好啊，说干就干，咱们现在就商量商量，怎么样？
   问：女的是什么意思？

2. 女：你和王刚最近怎么了？
   男：不知道为什么，他老是跟我过不去。
   问：男的是什么意思？

3. 女：你喜欢吃什么菜？鲁菜、川菜还是粤菜？
   男：没什么喜欢不喜欢的，只要能填饱肚子就行。
   问：男的是什么意思？

4. 女：好长时间没看见你了，你最近工作怎么样？
   男：最近公司业绩不太好，老板动不动就发脾气，搞得大家都很紧张。
   问：男的是什么意思？

5. 男：我怎么老是不明白老王在讲什么？
   女：他说话东一句西一句的，谁能明白？
   问：女的是什么意思？

第二部分

6～7题是根据下面一段对话：

女：咦？这不是老王吗？你怎么也来逛早市啊？这真是太阳从西边出来了。
男：这不，起床后浇浇花，看看报纸，想着出来走走，就走到这里来了，没想到这儿这么多人。看来，你是这早市的常客啊。
女：还真让你说对了。我每天早上在公园里锻炼完，顺路就过来了。先吃点儿早点，再买点儿菜、水果什么的带回去。
男：我看这早市是真方便，真热闹。卖菜的、卖水果的、卖肉的，是一个接一个啊。
女：是啊，我都是在这儿买菜。这里的菜又新鲜又便宜。你看这菠菜，要多嫩有多嫩。不光我们自己吃，我时不时地还多买点儿给孩子们送过去，他们上班忙，没时间买菜。

男：这儿的早点花样也多，热乎乎的，看着就有食欲啊。
女：可不是，我得先吃点儿了。
男：那好，我再逛逛。明天我带老伴儿一块儿来凑凑热闹。

6. 问：女的每天早上先干什么？
7. 问：男的明天打算做什么？

8～10题是根据下面一段话：

　　中国人对春节再重视不过了。过去，人们过了腊八就开始忙年，买年货，大扫除，准备食物等。到了大年三十，家家户户贴春联，放鞭炮，吃年夜饭，看春晚。大家从初一早上开始拜年，走亲访友。

　　过年时，小孩子要多开心有多开心。他们买玩具，收压岁钱，走亲戚，感受各种热闹。孩子们最高兴的是，过年不用上学了。而对大人来讲，现在生活水平提高了，过年与平常已经没有什么不同了，现在过年已经让人感觉不到兴奋，年味似乎越来越淡了。

　　更多的人认为，年味淡是因为过年的仪式感越来越淡了。举个例子，传统的拜年要挨家挨户地去邻居家、亲友家当面说出新年祝福，这也是邻里亲戚加强交流、联络感情的好机会。现在的拜年却似乎越来越随意，很多年轻人已经懒得走出家门，电话拜年、短信拜年、微信拜年越来越流行。

8. 问：过春节时人们从初一开始干什么？
9. 问：过年时小孩子最高兴的是什么？
10. 问：传统的拜年方式是怎样的？

第二节　惯用语

录音材料

第一部分

1. 女：你如果实在忙不过来，可以让小李帮帮你。
   男：我看，他只会帮倒忙。
   问：男的是什么意思？

2. 女：王峰在课堂上的表现怎么样？
   男：他呀，经常闹笑话。
   问：王峰在课堂上怎么样？

3. 男：老王最近好像心情不太好。
   女：你还不知道吧，他被炒鱿鱼了。
   问：老王怎么了？

录音材料、答案与解析

4. 男：你还是好好学习，将来考个好大学吧。长个漂亮脸蛋就想当明星，哪有这么容易的事？
   女：你就喜欢给别人泼冷水。
   问：根据对话，下列哪一项不正确？

5. 男：你最近怎么了？是不是有什么愁事？都好几天没见你露过笑脸了。
   女：孩子的学习让我伤透了脑筋。
   问：女的怎么了？

第二部分

6～8题是根据下面一段对话：

女：哟，王平，是你啊，哪阵风把你刮来了？快进来。
男：我在家不是看电视就是打游戏，无聊得很，来找你侃侃大山。
女：俗话说，来得早不如来得巧，难得周末有时间，我多做了几个家常菜，快来尝尝我的手艺。
男：看来我真有口福。宫保鸡丁、红烧茄子，还有炸带鱼，这么丰盛，怎么也得喝两杯。这样，我去门口的超市买点儿啤酒。
女：用不着买，我家里有。
男：行。没想到你做菜还有两下子。
女：过奖了。平时我嫌做菜麻烦，经常订外卖，就是做，也就简单做个西红柿炒鸡蛋或者炒个青椒土豆丝。你呢？你做什么最拿手？
男：吃我最拿手，好吃的地方没有我不知道的。下次我请你下馆子。
女：你可别放空炮啊。

6. 问：男的今天来女的家干什么？
7. 问：女的做菜的水平怎么样？
8. 问：男的最擅长干什么？

9～10题是根据下面一段话：

一聊起村主任刘建国，乡亲们纷纷竖起大拇指点赞。

2013年，刘建国放弃了在外面开创的事业，回乡带领村民共同致富，被推选为村主任。刘建国结合自己的养鸡经验，提议村民入股成立股份公司养鸡。他的想法一公布，村民们就炸开了锅。这些年村集体干啥赔啥，养鸡就能赚钱吗？村民们不怕辛苦，就怕攒了半辈子的钱打水漂儿。

为了打消村民们的顾虑，村领导班子研究决定，股份公司法人代表由入股村民选举产生。刘建国更是向村民们承诺，三年后公司不赢利，他个人给入股村民支付本金和利息。

在刘建国的带领下，公司取得了可观的经济效益。村民们守在家里就业，年年有分红，村里的居住环境也旧貌换新颜，以前的贫困村变成了当地的乡村振兴示范村。

9. 问：刘建国提议村民入股养鸡，村民们是什么反应？
10. 问：在刘建国的带领下，公司的经济效益怎么样？

第三节　其他熟语

录音材料

第一部分

1. 男：好久不见了，你这几年过得怎么样？
   女：比上不足，比下有余。
   问：女的这几年过得怎么样？

2. 女：小王啊，下周公司聚餐带女朋友一块儿来吧。对了，什么时候请我们喝喜酒啊？
   男：喝喜酒？八字还没一撇呢，连家长都还没见呢。
   问：男的是什么意思？

3. 男：你儿子早该大学毕业了吧？在哪儿上班啊？
   女：上什么班啊？年轻人找工作就怕高不成，低不就。小公司吧，自己看不上眼，前景好、待遇好的大公司竞争又太激烈，不是那么好进。
   问：女的的儿子在哪儿工作？

4. 男：我昨晚喝完酒回到家，结果老婆鼻子不是鼻子，脸不是脸的。你猜怎么着？我把结婚纪念日给忘了。
   女：你也真是的，这么重要的日子也能忘。
   问：关于男的的老婆，下列哪一项正确？

5. 男：张老师，谢谢你在我出差期间帮我照顾狗，这是我在杭州给你买的礼物，请收下。
   女：都说远亲不如近邻，我们还是对门。举手之劳，你客气什么？
   问：说话人是什么关系？

第二部分

6～7题是根据下面一段对话：

女：这真是二八月乱穿衣啊。你看这大街上穿什么的都有：有人穿卫衣，有人穿毛衣，有人却还在穿短袖呢。
男：哈哈，你是说我吧，看我穿得多凉快。
女：你不冷吗？别着凉了。
男：我多强壮啊，再说了，你没听说过"春捂秋冻"啊，冻冻更健康。
女：入秋以后适当地冻一点儿，是能够促进新陈代谢，提高人体的耐寒能力。但是随着气温不断下降，就不能盲目地秋冻了。
男：你以为我真那么傻啊，我这是要去跑步呢。

女：原来你逗我玩儿呢。不过说真的，锻炼完以后就不能穿这么少了。尤其是一早一晚，气温比较低，要及时增加衣服。

男：你说得有道理，谢谢你的关心。晚上再出来，我就穿外套了。

6. 问：男的穿的是什么衣服？

7. 问：男的为什么穿得比较少？

8～10 题是根据下面一段话：

发展新能源汽车是我国从汽车大国迈向汽车强国的必由之路。根据《2021—2035 年新能源汽车产业发展规划》，到 2025 年，新能源汽车新车销售量达到汽车销售总量的 20% 左右，到 2035 年，纯电动汽车成为新销售车辆的主流。

目前我国的新能源汽车正进入加速发展的新阶段。工信部发布数据：2021 年我国新能源汽车销量达到 352.1 万辆，连续 7 年位居全球第一，市场占有率达到 13.4%，全年实现新能源汽车出口 31 万辆，超过了历史累计出口总和。

我国的新能源汽车在技术方面也突飞猛进，建立了上下游贯通的完整产业体系，突破了电池、电机、电控等关键技术。其中，动力电池技术全球领先。电池是新能源汽车整车制造中成本占比最高的零部件，约占 40%。我国锂电池产能位居世界首位，占全球总产量的近 70%。

8. 问：根据这段话，到 2025 年，我国新能源汽车新车销量要达到汽车销售总量的多少？

9. 问：到 2021 年，我国新能源汽车销量连续几年位居全球第一？

10. 问：什么零部件在新能源汽车整车制造中成本最高？

第四节　单元测试

录音材料

第一部分

1. 女：连基本的协调能力和组织能力都不具备，小王这个经理恐怕当不成了。

   男：我早就说过，他就不是当经理的料。

   问：关于小王，我们知道什么？

2. 女：刘丽在你们班的成绩怎么样？

   男：班里的前十名根本数不着她。

   问：刘丽在班里的成绩怎么样？

3. 女：你也不管管你儿子，回到家就扎到房间里玩儿游戏，真是气死我了。

   男：他还是个孩子嘛，好好跟他讲道理，犯得上生这么大的气吗？

   问：男的是什么意思？

4. 男：不早了，我该回去了。
   女：哪能啊？你难得来一趟，说什么也得吃了饭再走。
   问：女的是什么意思？

5. 男：孩子写个作业是真能磨洋工啊，20分钟能写完的作业一直写到快睡觉，光翻书包找书和本子、准备笔就得半天，写不了一会儿又要上厕所、吃东西，要么看会儿电视。
   女：都一个样。每次我都告诉自己：不生气，亲生的。
   问：男的是什么意思？

6. 男：昨天晚上你休息得怎么样？
   女：还休息呢，我出差不过一个月，家里就乱成了一锅粥，我收拾到半夜。
   问：女的昨天晚上做什么了？

7. 男：今天下午我不想去游泳了。
   女：你去也得去，不去也得去。
   问：女的是什么意思？

8. 男：我能看会儿电视吗？今晚有好看的电视剧。
   女：你还有心思看电视？你不知道自己的学习在走下坡路吗？
   问：女的认为男的的学习怎么样？

9. 男：妈，我去丈母娘家赔了个不是，说了几句好话，把小丽接回来了，她肯原谅我了。
   女：听你这么一说，我心里的一块石头总算落了地。
   问：女的听到这个消息后是什么感觉？

10. 女：真是被我老公气死了！平时好好的，一让他教我开车就跟换了个人似的，一点儿耐心都没有，吹胡子瞪眼的，可是用着他了。
    男：你不知道吗？不能让自己老公教开车，因为开车对他来说就是小菜一碟，他会觉得你很笨。
    问：根据对话，为什么不能让老公教开车？

第二部分

11～12题是根据下面一段对话：
   男：明天又到周末了，你有什么安排吗？
   女：一般周末我都回家，我哥哥嫂子也回去，所以周末我们家可热闹了。
   男：你妈妈还不得准备一桌子好吃的呀。
   女：以前我妈妈是大厨，我嫂子来了以后，我妈妈给她打下手就行了。至于我呢，基本上是吃现成的，饭后刷刷碗。

录音材料、答案与解析

男：你嫂子这么能干啊。

女：她何止能干啊？还特别有眼色。前两天她做饭的时候，听到我妈和她的老姐妹聊天儿，说要趁着商场打折去买一件羽绒服，我嫂子二话没说，晚上就去给我妈买了一件。

男：你嫂子真是没说的，你哥真有福气啊。

女：谁说不是呢？你不知道把我妈感动得呀，逢人就说"这是我那儿媳妇给我买的羽绒服，你看穿上多合适"。

11. 问：现在女的周末回家吃饭，主要是谁做饭？
12. 问：嫂子给妈妈买羽绒服的事说明嫂子怎么样？

13～14题是根据下面一段对话：

男：这次空间站任务和神舟十号任务相比，有哪些不同和挑战？

女：对于航天员来讲，空间站任务是全新的。它的飞行时间更长、技术状态更新、任务难度更大。尤其是空间站出舱任务，航天员要在太空中操作机械臂，完成舱外作业，这些都是以往没有的。

男：您是从什么时候开始想要成为一名航天员的？

女：2003年，神舟五号飞船发射时，当时还是飞行员的我和战友在电视机前见证了那一激动人心的时刻。看着火箭灿烂的尾焰，我的内心萌生了当航天员的想法。

男：从一名飞行员到一名飞入太空的航天员，您用多长时间实现了这一梦想？

女：2009年，我报名参加了航天员选拔，成了一名航天员。2013年，我作为神舟十号载人飞船的乘组成员飞上了太空。我自己也没有想到，2003年植根在心中的航天梦，在十年之后实现了。

男：作为很多年轻人的偶像，您想对他们说些什么？

女：我想对他们说，年轻人一定要有梦想，而且要勇于追梦，勤于圆梦。

13. 问：女的认为空间站任务哪个方面的挑战更大？
14. 问：女的第一次飞上太空是哪一年？

15～17题是根据下面一段话：

17世纪中国茶叶的出口就已超过瓷器和丝绸，约占出口货物的90%。据说，茶叶是有史以来率先在伦敦做广告的商品。

从17世纪到18世纪，茶叶风靡世界，而中国是唯一能出口茶叶的国家。运送茶叶的道路，除海路以外，还有两条陆路：一条是草原之路，南起福建，往西北去，经由蒙古，运往俄罗斯及北欧各国；另一条则是高原之路，有滇藏线、川藏线、青藏线，三条线经由南亚、中亚、西亚，抵达欧洲。

不过，茶叶贸易的运输还是以海路为主。先是葡萄牙人、西班牙人从海外来到中国，接着是荷兰人。葡萄牙人、西班牙人还是将贸易大头放在瓷器与丝绸上，是荷兰人率先发现了中国茶叶的商业价值，把茶叶大量贩运到欧洲。

15. 问：17世纪，中国什么商品的出口约占出口货物的90%？
16. 问：17世纪，茶叶贸易的运输以什么路为主？
17. 问：哪国人最先发现了茶叶的商业价值，把茶叶贩运到欧洲？

18～20题是根据下面一段话：

1972年，国家体委在漳州筹建女排训练基地时，顾化群便来到这里负责后勤工作，最忙的时候他一个人要负责200多名队员的衣食住行。据顾化群回忆，训练馆最初是由500根大毛竹搭建起来的竹棚场馆，地上先铺一层煤渣，再盖上"三合土"。一年后，漳州排球训练基地拔地而起。运动员训练时在地上翻滚，滚掉了上层的土，露出的煤渣像刀子一样，经常把姑娘们的腿和手肘磨出血。但女排姑娘们没有一个人打退堂鼓，她们的目标就是要让五星红旗在国际赛场上升起来。

在1981年第三届排球世界杯中，经过激烈的争夺，中国女排在最后决战中以3∶2战胜了上届冠军日本队，夺得首个世界冠军，开启了中国女排五连冠的黄金时代。那一夜举国欢庆。在漳州训练基地，顾化群和十几个工作人员围着收音机听到了这个消息，紧接着在国家体委的电话里得到确认后，心情激动不已。

18. 问：顾化群在漳州女排训练基地负责什么工作？
19. 问：1981年的排球世界杯中，中国女排在最后决战中打败了哪个队？
20. 问：1981年，顾化群是怎么知道中国女排取得世界杯冠军的消息的？

答案

| 1. C | 2. C | 3. A | 4. C | 5. D | 6. B | 7. A | 8. C | 9. B | 10. D |
| 11. C | 12. B | 13. D | 14. C | 15. C | 16. A | 17. B | 18. B | 19. D | 20. B |

详细解析

1. 正确答案是C。口语格式"不是……的（那块）料"意思是没有做某事的才能，不适合做某事。女的说小王没有协调能力和组织能力，恐怕当不成经理了，并不是说他被辞退了，可排除选项A；男的说小王不是当经理的料，意思是小王没有当经理的才能，不适合当经理，选项C符合题意；选项B是干扰项；选项D对话中没有提到。

2. 正确答案是C。"数不着"意思是比较起来不算突出或够不上标准。男的说班里的前十名根本数不着刘丽，意思是刘丽的成绩在班里不突出。因此，选项C符合题意。

3. 正确答案是A。"犯得上……吗？"是用反问句的形式表达犯不上、不值得的意思。男的说"犯得上生这么大的气吗？"，意思是不值得生这么人的气。因此，选项A符合题意。

4. 正确答案是C。"说什么也得/不……"是个常用口语格式，表示无论如何一定要/不做某事。对话中男的要回去，女的说"哪能啊？"，这是用反问句加强语气，在对话中的意思是不能不吃饭就走，并不是不让男的回去，可排除选项A；女的还说"说什么也得吃了饭再走"，意思是一定要吃了饭再走，选项C符合题意；选项B、D对话中没有提到。

录音材料、答案与解析

5. 正确答案是 D。惯用语"磨洋工"意思是做事情拖拉，拖延时间。男的说孩子写作业磨洋工，意思是孩子写作业拖延时间，选项 D 符合题意；写作业磨洋工，拖延时间，是不认真，可排除选项 B；男的后面又补充说"20 分钟能写完的作业一直写到快睡觉"，可见，孩子的作业并不多，是孩子太拖拉，可排除选项 A；孩子写作业时上厕所、吃东西、看电视等都是拖延的借口，并不是他真的有很多事要做，可排除选项 C。

6. 正确答案是 B。男的问女的休息得怎么样，女的回答"还休息呢，我出差不过一个月，家里就乱成了一锅粥，我收拾到半夜"。"还休息呢"强调没有休息，可排除选项 A；"乱成一锅粥"用来形容乱的样子，女的的话中明确提到了"收拾"，选项 B 符合题意；女的说话的时候已经出差回来了，可排除选项 D；选项 C 对话中没有提到。

7. 正确答案是 A。"……也得……，不……也得……"口语格式的意思是必须得做某事。女的说"你去也得去，不去也得去"，意思是男的必须得去。因此，选项 A 符合题意。

8. 正确答案是 C。惯用语"走下坡路"比喻情况越来越差。女的说的反问句"你还有心思看电视？"，意思是男的不应该再想着看电视了，接着女的又说"你不知道自己的学习在走下坡路吗？"，意思是男的的学习成绩在下降。因此，选项 C 符合题意。

9. 正确答案是 B。"心里的一块石头落了地"是放心了的意思。男的说他"去丈母娘家赔了个不是"，妻子小丽原谅他了，"丈母娘"是男的对妻子的妈妈的称呼，"赔不是"是道歉的意思；女的说"听你这么一说，我心里的一块石头总算落了地"，意思是她放心了。因此，选项 B 符合题意。

10. 正确答案是 D。对话中女的说她老公"平时好好的，一让他教我开车就跟换了个人似的，……，吹胡子瞪眼的，……"，"吹胡子瞪眼"形容生气的样子，女的并不是说老公脾气不好，而是说老公教她开车的时候容易生气，可排除选项 B；男的说"不能让自己老公教开车，因为开车对他来说就是小菜一碟，他会觉得你很笨"，"小菜一碟"比喻小事一桩，形容事情很容易做，男的的意思是，老公认为开车很容易，所以会觉得不会开车的老婆很笨，并不是指老婆真的笨，可排除选项 A，并确定选项 D 符合题意。

11. 正确答案是 C。对话中女的说"以前我妈妈是大厨，我嫂子来了以后，我妈妈给她打下手就行了"，"大厨"是级别较高的厨师，也就是做饭的人，"打下手"是担任助手的意思，在这里是指帮忙做饭，由此可知，以前是妈妈做饭，嫂子来了以后，是嫂子做饭，妈妈帮忙。因此，选项 C 符合题意。

12. 正确答案是 B。对话中听到女的说周末在家主要是她嫂子做饭时，男的表示她嫂子很能干，女的接着说"她何止能干啊？还特别有眼色"，"眼色"是指见机行事的能力，就是根据情况采取合适的行动的能力，女的的意思是她嫂子不但能干，还特别会办事，这句话承上启下，后面接着讲了嫂子给妈妈买羽绒服的事情来说明嫂子有眼色，会办事，选项 B 符合题意；对话中男的说"你嫂子真是没说的"，"没说的"是指没有什么可以指责的，就是很好的意思，男的是说女的的嫂子很不错，没有什么缺点，并不是说她不爱说话，可排除选项 C。

13. 正确答案是 D。本题主要考查的是考生能否把握对话中的关键信息。在回答空间站任务和神舟十号任务相比有哪些不同和挑战时，女的首先指出，空间站任务飞行时间更长、技术状

213

态更新、任务难度更大，接着用"尤其是"来说明空间站出舱任务是一个更大的挑战。关键词"尤其"表示更进一步的意思，用来突出后边的内容。因此，选项 D 符合题意。

14. 正确答案是 C。浏览四个选项可以看出，本题主要考查的是考生能否把握对话中时间词语的相关信息。女的明确指出，"2013 年，我作为神舟十号载人飞船的乘组成员飞上了太空。我自己也没有想到，2003 年植根在心中的航天梦，在十年之后实现了"。所以，女的第一次飞上太空是 2013 年。因此，选项 C 符合题意。

15. 正确答案是 C。这道题要抓住问题"17 世纪，中国什么商品的出口约占出口货物的 90%？"中的关键内容"90%"。这段话中提到"17 世纪中国茶叶的出口就已超过瓷器和丝绸，约占出口货物的 90%"。因此，选项 C 符合题意。

16. 正确答案是 A。这道题要求考生对不同的运输道路做出正确的判断，听录音时考生要对关于运输道路的信息格外敏感。这段话中提到"茶叶贸易的运输还是以海路为主"。因此，选项 A 符合题意。

17. 正确答案是 B。浏览四个选项可以看出，本题主要考查的是考生能否把握和分辨不同国家的人的相关信息。这段话最后提到"葡萄牙人、西班牙人还是将贸易大头放在瓷器与丝绸上，是荷兰人率先发现了中国茶叶的商业价值，把茶叶大量贩运到欧洲"，"率先"是首先，最先的意思。因此，选项 B 符合题意。

18. 正确答案是 B。本题主要考查的是考生能否把握这段话中的细节信息。这段话一开始就提到"1972 年，国家体委在漳州筹建女排训练基地时，顾化群便来到这里负责后勤工作"。因此，选项 B 符合题意。

19. 正确答案是 D。浏览四个选项可以看出，本题主要考查的是考生能否把握与分辨这段话中出现的有关的国家信息。这段话中提到"中国女排在最后决战中以 3∶2 战胜了上届冠军日本队"。因此，选项 D 符合题意。

20. 正确答案是 B。本题主要考查的是考生能否把握这段话中的细节信息。这段话后面提到"顾化群和十几个工作人员围着收音机听到了这个消息，紧接着在国家体委的电话里得到确认"，所以，顾化群首先是从收音机上听到女排夺冠的消息的。因此，选项 B 符合题意。

第八单元　计时训练

听力理解模拟试题（一）

录音材料

第一部分

1. 男：你前几天去应聘的那家出版社有没有消息？
   女：暂时还没有，他们说国庆节后会打电话通知我。
   问：关于女的，我们知道什么？

录音材料、答案与解析

2. 男：经营一家酒吧可不是一件简单的事，你真的考虑清楚了？
   女：您放心吧，我想得很清楚了，我会好好干的。
   问：女的是什么语气？

3. 男：这些建筑群已经有几百年的历史了，到现在依然保存完好。
   女：规模这么大，居然保存得这么完整，真了不起。
   问：他们在谈论什么？

4. 女：这个款式的有大号的吗？我给老人买。
   男：柜台上没有，我看看仓库还有没有，不行就从别的店调一件过来。
   问：对话最可能发生在哪里？

5. 男：真没看出来，小王做菜还真有两下子。
   女：那是。你还不知道吧，做菜可是小王的拿手好戏。
   问：女的是什么意思？

6. 女：瞧瞧你这抽屉，快成百宝箱了，难怪你总是找不到东西。
   男：知道了，等有空了，我好好整理一下。
   问：根据对话，我们知道什么？

7. 男：非常感谢您及时报道了我们厂这次新流水线的安装工程。
   女：厂长您太客气了，这是我分内的事。
   问：女的是干什么的？

8. 女：你看这草莓多漂亮啊，这么新鲜，买两盒吧。
   男：嗯，价格也挺漂亮的，这都快能买一箱橘子了。
   问：男的是什么意思？

9. 女：没想到这竟然是你设计的？那以后我们家装修就找你了。
   男：没问题，我本科学的专业就是室内设计。
   问：女的是什么语气？

10. 女：我昨天碰见李姐的女儿了，简直认不出来了，真是女大十八变。
    男：现在的孩子营养好，哪像我们小时候。
    问：关于李姐的女儿，我们知道什么？

11. 男：总裁，这个项目对我而言挑战性太大，我有点儿力不从心。
    女：你的能力我清楚，遇到困难不要逃避，应该积极地面对。
    问：女的是什么态度？

215

12. 男：这次活动的规模不小，还要电视直播，一定要找一个优秀的主持人。
    女：张萌经验丰富，反应快，您放心吧。
    问：根据对话，我们知道什么？

13. 男：手术过后别总躺着，尽量多下地活动活动。
    女：我起不来，您再给我开支止疼针吧。
    问：根据对话，我们知道什么？

14. 女：听说今年冬天有"拉尼娜"现象，会不会更冷？
    男：嗯，最近就要变天。气温要降到5摄氏度，部分地区还会有冰雹、大风，多穿点儿吧。
    问：根据对话，我们知道什么？

15. 女：我看咱儿子对钢琴课很抵触，咱们就不要勉强他了吧。
    男：咱俩也都不是那块料，他不想学就算了吧。
    问：根据对话，我们知道什么？

第二部分

16～19题是根据下面一段对话：

女：国外对针灸疗法一直很有兴趣，您能谈谈这其中的原因吗？
男：针灸疗法简便易行，对很多疾病的治疗都有立竿见影的效果。
女：您能举例说明一下吗？
男：比如说牙疼、腰疼这类疼痛性疾病，好的医生可以做到一针下去就能解除病痛。再者，它对人体没有任何伤害，是一种纯自然疗法，主要是通过调动人体自身的免疫力来提高人体抵御疾病的能力，所以国外越来越多的人开始推崇这种治疗方法。
女：有人说，中医是养生，西医是治病。您赞同这种说法吗？
男：其实西医也有很多养生的理论，中医也有很多治病的方法。
女：您如何看待中西医结合这一问题？
男：中医和西医尽管是两种医学理论体系，但是它们的研究对象一样，都是人，所以它们在理论上有一定的通用性，在治疗上有很大的互补性。

16. 问：男的最可能是什么身份？
17. 问：关于针灸疗法，下列哪一项正确？
18. 问：外国人为什么喜欢针灸疗法？
19. 问：关于中医和西医，男的是什么看法？

20～23题是根据下面一段对话：

女：这次奥运会是您的卫冕之战。作为一名老将，您能谈谈您的感受吗？

男：羽毛球的每一场比赛消耗的体能和精力都非常大，不管是新人还是老将，都需要长期训练，保持体能。
女：您对自己这些年的表现有何评价？
男：我在过去12年的职业生涯中，已尽可能把我最好的竞技状态都展现出来了。
女：您这样坚持的意义何在？
男：只要我还能打下去，对很多年轻人来说就是一种鼓励。一个运动员一辈子没有几次能代表祖国参加奥运会，我格外珍惜这种机会。
女：听说您的父母也将前往伦敦观赛。
男：是的。不过过去他们很少到现场看我比赛。
女：这次有他们在场，您是否会觉得更安心？
男：是的。如果有家人在，我的压力也不会那么大。因为我知道，不管结果如何，赛场某个小小的角落里，都有他们无私的支持。家人的爱是最无私的，这让我非常幸福。

20. 问：男的怎么评价自己？
21. 问：男的认为自己对年轻人有什么作用？
22. 问：家人观赛对男的有什么影响？
23. 问：关于男的，我们知道什么？

24～27题是根据下面一段对话：
男：您觉得艺术上的成就是靠天分还是靠勤奋？
女：都有吧。天生我材必有用，不要辜负了自己的天分。我们这个剧团演什么角色的都有，只要你努力了，运气就不会太差，就是把龙套跑好了也非常棒。
男：看来"台上一分钟，台下十年功"是有道理的。
女：是啊，干我们这行的，只要是在台上像个样子的，在台下都是非常下功夫的。你看着他好像端着茶杯发呆，其实他脑子里在琢磨自己的戏呢。
男：戏剧舞台和现实生活在您心目中各占着怎样的位置？
女：各占一半儿吧，甚至有的时候戏的东西更多一些。我不管去哪里，到哪个国家的什么地方，看着街上的建筑、山水的风景，所有的东西我都觉得像布景。
男：很多人称您是"戏痴"，您怎么看？
女：我觉得这是对我的褒扬，我觉得生活中的各种人际交往都好像是编排的戏剧，很多是可有可无、可多可少的。

24. 问：女的认为应该怎么对待自己的天分？
25. 问：女的觉得现实生活像什么？
26. 问：关于女的，我们知道什么？
27. 问：关于"戏痴"，下列哪一项正确？

28～30题是根据下面一段话：

一所大学曾经进行过一次长达20年的追踪调查。最初，研究人员对参加调查的学生们提了一个问题："你们有目标吗？"九成学生回答说有。研究人员又问："如果你们有了目标，那么，是否把它写下来了呢？"这时，只有4%的学生回答说："写下来了。"20年以后，研究人员对当年参加调查的学生又进行了一次调查。结果发现，那些有目标并且将目标写下来的学生，无论是事业发展还是生活水平，都远远超过了那些没有这样做的学生。他们创造的价值超过其余96%的学生的总和。那么，那96%的学生今天在干什么呢？研究发现，这些人忙忙碌碌，一辈子都在直接或间接帮助那4%的人实现他们的理想。

28. 问：关于这项调查，下列哪一项正确？
29. 问：根据这段话，大多数学生都在做什么？
30. 问：这段话主要讲了什么？

31～33题是根据下面一段话：

五爱村是一个易地搬迁新村。过去，村民居住分散，一些村民私搭乱建，村子显得杂乱不堪。近年来，当地确立了"旅游+产业"的发展思路，为村民统一制定了土地和住宅设计规范，同时大力推进村容环境整治，尤其是"包绿到户"的举措，令人印象深刻：村里为公共区域卫生和绿化设置了公益岗位，由村民分片负责；门前绿化由每户承包，根据实际需求由村里调拨资金购买绿植。"包绿到户"政策实施以来，五爱村村民自发爱绿护绿，乡村绿化无人管理的状况已成为"过去时"。"包绿到户"为何能得到村民支持？良好的人居环境带来的发展红利是重要驱动力。村容村貌整治初见成效后，村集体引入旅游公司发展旅游产业，打造观光旅游项目，吸引周边大量游客，好环境带来好"钱景"，五爱村原先乱扔垃圾、污水横流的问题一去不复返，美丽的村居环境大大提升了村民的幸福感。

31. 问：关于"包绿到户"，下列哪一项正确？
32. 问：关于五爱村整治村容环境后的变化，下列哪一项正确？
33. 问：关于五爱村，我们知道什么？

34～37题是根据下面一段话：

大家都知道烧烤、薯片、奶油蛋糕这些食物不好，但隔段时间就想吃。最近居民膳食指南的新观点是，你不必完全戒掉这些食物，只要每天保证85%的能量来自健康食物，剩下15%的能量配额可以吃一些自己想吃的东西。按15%的能量配额来算，一个成年人只要总体上营养均衡，蔬菜、水果、优质蛋白质都能吃够，每天就可以吃250～350卡不那么健康的食物。但是，专家建议，即便每天有15%的不健康能量配额，下面这些也还是要限制的：一是每天摄入的糖最好不超过25克，这里包括饮料、甜食里加的糖、蜂蜜等；二是饱和脂肪每天最好在20克以下，瘦肉、蛋、奶、坚果里会天然存在一些饱和脂肪，占到10克左右，剩下的留给肥肉、奶油、糕点等的配额真的不太多，还是能不吃尽量不吃；三是钠每天不超过5克，也就是6克盐，不过"健康中国行动计划"已经把这个量降低到每天不超过5克盐了。

34. 问：关于薯片，说话人是什么观点？
35. 问：关于饱和脂肪，下列哪一项正确？
36. 问：根据这段话，蛋糕可以吃吗？
37. 问：成年人的饮食有什么禁忌？

38～40题是根据下面一段话：

数字技术快速发展，移动化、智能化、个性化的消费走进千家万户，也同样影响着老年群体。当"数字化"遇到"老龄化"，一方面，老年人的生活因"数字化"而更便利，另一方面，跟不上"数字化"发展步伐的老年人也不在少数。疫情防控、交通出行、看病就医……智能技术逐渐渗透到生活的方方面面，传统服务方式逐渐被智能化服务代替，一些习惯排队挂号、路边打车等生活方式的老年人显得有点儿力不从心。目前，我国60周岁及以上人口已达2.54亿人，占总人口的18%。老年人口比例上升，但日常使用互联网的老年人并不多。截至今年6月，中国网民规模达9.4亿人，其中60岁以上网民占比仅为10.3%。让老年人更好地融入数字生活，是推动"银发经济"发展的重要前提。眼下，一些地方正在加快探索，提供适老化产品、开设智能培训班、开展个性化服务，让老年人充分享受数字生活。

38. 问：根据这段话，下列哪一项正确？
39. 问：下列哪一项是推动"银发经济"发展的方法？
40. 问：这段话主要讲了什么？

答案

1. B	2. C	3. B	4. A	5. A	6. D	7. B	8. B	9. D	10. A
11. D	12. A	13. A	14. B	15. C	16. C	17. D	18. D	19. A	20. C
21. A	22. B	23. C	24. A	25. A	26. B	27. C	28. C	29. D	30. A
31. C	32. A	33. B	34. C	35. B	36. B	37. D	38. D	39. A	40. D

详细解析

1. 正确答案是B。从男的的话中可知，女的去出版社应聘了，也就是说，女的在找工作。因此，选项B符合题意。

2. 正确答案是C。男的认为经营酒吧不容易，由此可推断，女的想经营酒吧。女的回答"放心吧"，说明女的对自己很有信心。因此，选项C符合题意。

3. 正确答案是B。从男的的话中可知，这些建筑群历史悠久，保存完好，女的进一步补充说"规模这么大，居然保存得这么完整"，两个人都是在谈论建筑群的保护问题。因此，选项B符合题意。

4. 正确答案是A。从女的的话中可知，她在买东西，男的告诉她，柜台上没有她要的大号，可以从别的店调一件，由关键词"款式"和量词"件"可推断，女的在买衣服，四个选项中只有选项A"商店"符合买衣服的情景。因此，选项A符合题意。

5. 正确答案是 A。这段对话中有几个常用的口语惯用语。男的的话中"真没看出来"意思是没想到，常用夸张的语气表达，"有两下子"是指在某方面有些本领，或者某事做得很好，他的意思是没想到小王做菜做得很不错。女的回答"那是"，表示非常同意男的的看法，"拿手好戏"原指演员最为出色的那出戏，后来被用来指在某方面做得非常出色，女的用"拿手好戏"也是在夸小王很会做菜。因此，选项 A 符合题意。

6. 正确答案是 D。"瞧瞧……"常用于提醒别人，"百宝箱"比喻储存各种宝贝的箱子，"难怪"意思是怪不得，表示明白了一件事情的原因。从女的的话中可知，她认为男的的抽屉太乱，所以总是找不到东西。因此，选项 D 符合题意。

7. 正确答案是 B。"报道"是指通过报纸、杂志、广播、电视或其他形式把新闻告诉群众，这是记者的工作，女的说这是她"分内的事"，"分内的事"是指职责范围内应该做的事情，由此可推断，女的是记者。因此，选项 B 符合题意。

8. 正确答案是 B。女的看到新鲜的草莓，很想买，男的开玩笑说，草莓的价格也很漂亮，意思是草莓的价格很贵，后面又进一步说明这个价格可以买一箱橘子了。因此，选项 B 符合题意。

9. 正确答案是 D。本题主要考查的是考生能否理解"没想到"与"竟然"的意义和用法。这两个词常用于表示出乎说话人的意料，表达惊讶的语气。通过对话可知，女的显然是没想到这个设计者就是男的，所以语气很惊讶。因此，选项 D 符合题意。

10. 正确答案是 A。女的说的"女大十八变"是形容女子在成长发育过程中，容貌、性格有很大的变化，暗含的意思是指变漂亮了，选项 A 符合题意；从对话中可知，女的对李姐女儿的变化非常惊讶，"简直认不出来了"，说明以前女的见过李姐的女儿，可排除选项 C；男的认为现在的孩子营养好，可排除选项 D；选项 B 在对话中没有提到。

11. 正确答案是 D。"总裁"是指某些公司企业总负责人的名称。男的说这个项目挑战性很大，说明他认为这个项目难度很大，他说自己"力不从心"，意思是心里想做，可是能力或力量够不上，说明他对自己做这个项目没有信心。作为总裁，女的表示认可男的的能力，鼓励他不要逃避，要积极面对困难。因此，选项 D 符合题意。

12. 正确答案是 A。从男的的话中可知，他们要举办一个大型的活动，因为要电视直播，所以需要一位有能力的主持人。女的认为张萌能胜任这项工作，因为她很有经验，并且反应很快，由此可推断，张萌就是这次活动的主持人，不用再找其他主持人了。因此，选项 A 符合题意。

13. 正确答案是 A。从男的的话中可知，女的刚做完手术，是病人。女的请求男的给她开止疼针，由此可推断，男的是医生。因此，选项 A 符合题意。

14. 正确答案是 B。从女的的话中可知，"拉尼娜"现象会出现在冬天，而且天气会比往年更冷。男的告诉女的，最近要"变天"，"变天"是指天气发生变化，一般会刮大风、下雨、下雪等。男的说气温会下降，部分地区还会有冰雹、大风，这些都是寒流的表现。因此，选项 B 符合题意。

录音材料、答案与解析

15. 正确答案是 C。女的说他们的儿子很抵触钢琴课,"抵触"的意思是对某件事有不满情绪而不愿意做,由此可推断,他们的儿子不喜欢上钢琴课。女的又说不要勉强儿子,"勉强"的意思是使人做他自己不愿意做的事,所以女的的意思是想放弃儿子的钢琴课。男的说他俩都不是那块料,儿子不想学钢琴就算了,"不是那块料"的意思是在某方面没有天赋,不擅长做某事,"算了"说明男的同意放弃钢琴课。因此,选项 C 符合题意。

16. 正确答案是 C。这是一段有关针灸、中医等问题的采访。通过男的的回答可推断出他是一位中医师。因此,选项 C 符合题意。

17. 正确答案是 D。对话中,男的说针灸疗法简便易行,可排除选项 A;接着他说针灸"对很多疾病的治疗都有立竿见影的效果",成语"立竿见影"比喻某种措施能立刻见效,可排除选项 B;在举例时,男的说对于一些疼痛类疾病,可以一针就解除病痛,选项 D 符合题意;男的认为国外越来越多的人开始推崇针灸疗法,说明针灸已被人接受,可排除选项 C。

18. 正确答案是 D。对话中,男的说针灸是一种纯自然疗法,对人体没有伤害,是通过调动人体自身免疫力来抵御疾病,也就是说,针灸没有副作用。因此,选项 D 符合题意。

19. 正确答案是 A。男的认为中医和西医的研究对象都是人,理论上有通用性,治疗上有互补性。因此,选项 A 符合题意。

20. 正确答案是 C。从男的说的"已尽可能把我最好的竞技状态都展现出来了"这句话可以看出,男的对自己所获得的成绩和表现感到满意。因此,选项 C 符合题意。

21. 正确答案是 A。根据男的说的"只要我还能打下去,对很多年轻人来说就是一种鼓励"可知,选项 A 符合题意。

22. 正确答案是 B。女的问男的有家人在现场观看他比赛,他是否会更安心,男的给出了肯定的回答,并表示如果有家人在,自己不会感到太大的压力,也就是说他会觉得更轻松。因此,选项 B 符合题意。

23. 正确答案是 C。女的说这次奥运会是男的的卫冕之战,"卫冕"是指竞赛中保住上次获得的冠军称号,由此可知,男的参加了上届奥运会,并且得到了冠军,选项 C 符合题意;"退役"本指军人离开军队,退出现役,在这里指运动员终止职业生涯,男的正在参加奥运会,所以他还没退役,可排除选项 A;男的将进行"卫冕之战",女的还说他是老将,所以他不是羽毛球运动的新人,可排除选项 B;对话中只说了男的的父母以前很少到现场看他比赛,并没有说他不让父母去,可排除选项 D。

24. 正确答案是 A。"天生我材必有用"出自唐朝诗人李白的诗《将进酒》,意思是上天生下我,一定有需要用到我的地方,女的认为不能辜负自己的天分,也就是要充分利用自己的天分。因此,选项 A 符合题意。

25. 正确答案是 A。从女的的话中可知,她认为生活中的很多东西都像是布景,"布景"是指舞台或摄影场上所布置的景物,她还认为生活中的人际交往都好像是编排的戏剧。因此,选项 A 符合题意。

26. 正确答案是 B。从男的的提问中可知,他们在讨论艺术方面的问题,两人的对话中提到"剧团""演""角色""龙套""台上""台下""戏剧舞台""布景""编排的戏剧"等,由此可推断出女的是戏剧演员。因此,选项 B 符合题意。"跑龙套"是指在戏曲中扮演随从或士兵等不重要的角色,也可以比喻在别人手下做无关紧要的事。

221

27. 正确答案是 C。从女的的话中可知，她将自己的心思都花在舞台上，不太关注现实生活，这说明她非常沉迷于表演。因此，选项 C 符合题意。

28. 正确答案是 C。根据"一所大学曾经进行过一次长达 20 年的追踪调查"，可排除选项 A；研究人员问参加调查的学生们有没有目标，九成学生回答说有，"九成"的意思是 90%，选项 C 符合题意；研究人员问的第二个问题是学生们是否将目标写下来了，可排除选项 B；这项调查只是收集数据进行研究，并没有帮助学生做什么，可排除选项 D。

29. 正确答案是 D。这段话最后一句"研究发现，这些人忙忙碌碌，一辈子都在直接或间接帮助那 4% 的人实现他们的理想"，意思是说，大部分人没有在年轻的时候确立明确的人生目标，虽然一辈子很忙，但是都是在帮助那些有明确目标的人实现他们的人生目标。因此，选项 D 符合题意。

30. 正确答案是 A。这段话通过一项调查的研究结果告诉我们那些有人生目标，并且将它写下来的人，经过 20 年的发展，比没有目标和没有写下目标的人获得了更大的成功，说明了确立目标的重要性。因此，选项 A 符合题意。

31. 正确答案是 C。这段话主要讲了五爱村"包绿到户"政策以及实施后村子的变化。"包绿到户"的措施之一是，公共区域由村民分片负责，可排除选项 D；第二个措施是门前绿化由每户承包，"承包"的意思是接受工程、订货或其他生产经营活动并且负责完成，在这里指负责管理，也就是说每户门前的绿化由自己负责，选项 C 符合题意；门前绿化所需要的绿植，村里根据实际需要调拨资金购买，意思是由村集体购买树苗，而不是由村民集资购买，可排除选项 A；爱护树木人人有责是常识，这段话中并未提到，可排除选项 B。

32. 正确答案是 A。这段话中提到"良好的人居环境带来的发展红利"，"红利"指企业分给股东的利润或分给职工的额外报酬，在这里的意思是，好环境给村民带来了财富，选项 A 符合题意；根据"村集体引入旅游公司发展旅游产业"可知，旅游公司不是村里自己开办的，可排除选项 D；根据"原先乱扔垃圾、污水横流的问题一去不复返"，意思是乱扔垃圾的问题和污水问题再也没有了，但并不是说没有垃圾了，可排除选项 C；根据这段话，整治村容环境后，五爱村环境变好了，并不是说村民变干净了，可排除选项 B。

33. 正确答案是 B。本题主要考查的是考生的综合判断能力。这段话主要介绍了五爱村原先又脏又乱，实施村容环境整治后，五爱村发生了很大的变化，选项 B 符合题意；这段话第一句提到"五爱村是一个易地搬迁新村"，所以村民不是本地人，可排除选项 C；根据"村里为公共区域卫生和绿化设置了公益岗位，由村民分片负责"可知，村里的环境卫生是由村民分片负责的，并不是人人都负责，可排除选项 D；选项 A 这段话中没有提到。

34. 正确答案是 C。根据这段话，薯片虽然不健康，但是"你不必完全戒掉这些食物"。因此，选项 C 符合题意。

35. 正确答案是 B。这段话中提到"瘦肉、蛋、奶、坚果里会天然存在一些饱和脂肪"，选项 B 符合题意；根据"饱和脂肪每天最好在 20 克以下……剩下的留给肥肉、奶油、糕点等的配额真的不太多"可知，糕点中也含有饱和脂肪，可排除选项 C；在提到饱和脂肪的配额时，这段话中说"还是能不吃尽量不吃"，说明饱和脂肪对身体不好，可排除选项 A；关于奶油中含有多少饱和脂肪，这段话中没有提到，可排除选项 D。

36. 正确答案是 B。蛋糕属于糕点，根据"剩下的留给肥肉、奶油、糕点等的配额真的不太多，还是能不吃尽量不吃"可知，选项 B 符合题意。

37. 正确答案是 D。本题主要考查的是考生的综合判断能力。根据这段话的观点，成年人不必完全戒掉烧烤、薯片、奶油蛋糕这些食物，也就是说可以吃烤肉和蛋糕，但蛋糕能不吃尽量不吃，并不是完全不能吃，可排除选项 B、C；糖也可以吃，但要控制在每天不超过 25 克，可排除选项 A；这段话最后说"钠每天不超过 5 克，也就是 6 克盐，不过'健康中国行动计划'已经把这个量降低到每天不超过 5 克盐了"，说明专家不建议吃太多盐，选项 D 符合题意。

38. 正确答案是 D。"数字化"是指信息领域的数字技术在人类生活各个领域全面推进的过程。根据这段话，由于很多老年人对数字技术不熟悉，造成了他们生活中的不便，也就是说，老人不适应智能化生活。因此，选项 D 符合题意。选项 A、B、C 虽然都是老人不适应智能生活的具体表现，但都与这段话中的内容不符：选项 A 这段话中没有提到；这段话中只提到习惯排队挂号、路边打车的老人力不从心，并没有说老人看病不用预约，也不是说所有老人都不会用网约车，可排除选项 B、C。

39. 正确答案是 A。根据这段话可知，"银发经济"就是与老年人的消费生活有关的经济形态。这段话中介绍了推动"银发经济"发展的一些方法，比如，提供适老化产品、开设智能培训班、开展个性化服务。因此，选项 A 符合题意。

40. 正确答案是 D。这段话讲了三个方面的内容：一是数字社会的发展对老年人生活的影响，很多老年人感到力不从心；二是说明现在老年人占总人口比重越来越大，但使用互联网的老年人比重还很小；三是改变这种状况的措施。综合这三个方面，这段话的主题应该是面对数字化经济的快速发展，我们要考虑到老年群体的需求。选项 A、B、C 只是各说了一个方面，并不全面。因此，选项 D 符合题意。

听力理解模拟试题（二）

录音材料

第一部分

1. 女：外公，您教我打太极拳吧。
   男：好。不过你可不能三天打鱼，两天晒网，学两天就不学了啊。
   问：男的是什么意思？

2. 男：这款窗帘样式不错，颜色也好看，咱们就选它吧。
   女：设计风格挺好的，就是布料太薄了，恐怕会透光。
   问：女的觉得这款窗帘怎么样？

3. 女：这部电影的导演是个新人，电影票房竟然过了五亿。
   男：这部影片是"80后"的集体回忆，所以吸引了不少年轻人。
   问：关于那部电影，下列哪一项正确？

4. 男：你在简历里提到的读书期间发表的那些文章带来了吗？
   女：带来了，都在这个文件夹里，您看一下。
   问：文件夹里装的是什么？

5. 女：门是不是锁上了？怎么打不开？
   男：没有，那个门有点儿紧，你得使点儿劲才能推开。
   问：女的在做什么？

6. 女：今年咱们系的新生报到工作是你负责吗？
   男：本来是，但我临时有事，就换成小李了。
   问：男的为什么不负责新生报到工作了？

7. 男：怎么样？坐在最后一排能看清幻灯片上的字吗？
   女：不行，有点儿模糊，你得把字号调大一些。
   问：女的建议怎么做？

8. 男：你胆子真小，连过山车都不敢坐。
   女：那个太刺激了，我怕我的心脏受不了。
   问：女的觉得坐过山车怎么样？

9. 男：早上起来感觉脖子和肩膀又酸又痛的。
   女：估计是你昨晚睡觉的姿势有问题。
   问：男的哪里不舒服？

10. 男：下午国家图书馆有一场关于戏剧文学的讲座，你有兴趣吗？
    女：几点开始？我两点还有一节化学课。
    问：根据对话，我们知道什么？

11. 女：我们明天上午九点出发吧。
    男：最近老是堵车，我觉得还是提前半个小时走比较好。
    问：男的是什么意思？

12. 男：车快要开了，我要上车了。
    女：好，祝你一路平安。到了以后给我打个电话。
    问：对话最可能发生在哪里？

录音材料、答案与解析

13. 女：服务员，我要买单。这儿可以刷微信吗？
    男：女士，对不起，我们这儿只能用现金或者支付宝。
    问：对话最可能发生在哪里？

14. 女：王老师，我刚才在学校门口碰见您爱人了。
    男：今天咱们学校不是举行建校90周年庆祝活动吗？她是来采访的。
    问：男的的爱人最可能是做什么的？

15. 男：刚才打你电话怎么一直没接呀？
    女：我那会儿在厨房做饭呢，出来才发现手机静音了。
    问：女的刚才在哪儿？

第二部分

16～19题是根据下面一段对话：

女：开水果店一般都是小商贩经营的生意，听说你是985大学毕业的高才生，你觉得开水果店屈才吗？
男：职业不分贵贱。三百六十行，行行出状元。
女：你为什么会选择开水果店呢？
男：我对这个行业比较了解。我从大学三年级就开始做市场调查，到毕业时我对水果经营已经有了一定的了解，发现这个行业有很好的前景，所以我决定开水果店。
女：原来如此。我们了解到你大学是学习市场营销的，你觉得大学里学到的知识对经营水果店有帮助吗？
男：肯定有帮助。比如我在人员调动方面和水果进货配比方面的技巧就得益于我在大学时上的一门叫作市场与管理的课程。我从里面学到了很多实用的知识。
女：那挺不错的。现在你的水果店生意怎么样？
男：得看天气，晴天卖得就比阴雨天好。

16. 问：男的是什么时候开始接触水果生意的？
17. 问：关于男的对自己所从事的工作的看法，下列哪一项正确？
18. 问：现在他的水果店生意怎么样？
19. 问：说话人最可能是什么关系？

20～22题是根据下面一段对话：

女：最近在忙什么呢？
男：正为买房的事情犯愁呢。是在城区买还是在郊区买，我们家里人的意见不统一。
女：买房确实要好好考虑。
男：那可不。我爱人想在城区买房，有利于孩子上学。可是，城区的房子太贵了。

女：这确实是个难题。在郊区生活也不错，至少空气清新。

男：是啊。在郊区买房，还能省点儿钱买辆车，一举两得。

女：不过，你也得考虑一下，要是住在郊区，孩子上学不是很方便，交通成本也不低。

男：是啊，孩子上学确实是个问题。

女：那你就接受你老婆的意见吧，在城区买房，再说，你也买得起。

男：听你这么一分析，我心里有数了。看样子还是我爱人想得周到。谢谢你。等我搬到新房子里，请你到我家玩儿。

女：没问题，到时候我一定去。

20. 问：根据对话，在郊区买房有什么好处？
21. 问：男的的妻子想在哪里买房？
22. 问：关于男的，我们知道什么？

23～26题是根据下面一段对话：

男：这是什么？哟，这么漂亮的画儿。这画家是你最喜欢的吧？

女：唉，别提了，我正发愁呢。

男：怎么了？

女：这是咱们办公室的小陈送我的生日礼物。这礼物他准备了很久，他知道我喜欢这画家的画儿，专门排了一天的队才买到的。

男：真是用心良苦，诚意满满啊。人家送你这么贵重的生日礼物，你还不高兴啊？

女：这幅画儿我确实喜欢，但就是因为它太贵重了，我才不知该怎么办。

男：能有多贵重呢？

女：我打听了一下，这幅画儿目前在市场上值好几万呢。

男：这是人家的心意，既然你喜欢，就收下呗，真不明白你是怎么想的。

女：我跟小陈的关系就是普通同事，我不想再有更进一步的发展了。可是这么贵重的礼物，我收吧，好像接受了他太多好意，不收吧，又太不给他面子了。真是左也不是，右也不是。

23. 问：收到生日礼物后，女的的心情怎么样？
24. 问：男的觉得女的应该怎么做？
25. 问：女的和小陈是什么关系？
26. 问：女的担心如果收下礼物会出现什么情况？

27～30题是根据下面一段话：

学习环境对学习质量有重要的影响，不同的学习环境会产生不同的学习效果。在高校，很多学生空余时间会选择去图书馆学习。一方面，图书馆的环境非常安静，可以最大限度地减少外界对我们的干扰，使我们的精力更集中；另一方面，因为大家来图书馆的目的就是学习，多数人都在图书馆里看书，做作业，当我们看到他人努力学习的样子时，往往能激发自身的竞争意识，也会不自觉地开始努力。心理学家将这种现象称为"社会助长效应"。实验证明,在竞争的氛围中,任务执行的效率通常会比较高。因此,想要消除杂念,提高学习效率,去图书馆是一个好办法。

27. 问:根据这段话,在图书馆看书有什么优点?
28. 问:根据这段话,大家去图书馆的目的是什么?
29. 问:人们在竞争的环境中做事会怎么样?
30. 问:根据这段话,下列哪一项正确?

31～33题是根据下面一段话:

有个人刚刚成为一家事业单位的负责人。最近他遇到一个让他感到很恼火的问题:每次召开部门会议,总有许多人心不在焉,做与会议无关的事。他强调了很多遍,开会时不要做与会议无关的事情,甚至对会议时长和会议内容做了一些调整,但效果都不怎么好。有一天,他遇到了一个管理经验非常丰富的朋友,于是他就向这位朋友请教:"怎样才能让员工开会时集中注意力呢?"这位朋友笑了笑,回答道:"这不难。你只要在会议结束后再宣布由谁做会议记录员就可以了。"这个人照着朋友说的去做了。果然,从那以后,每次开会,员工都非常认真,会议效率也大大提高了。

31. 问:这个人向朋友咨询了什么问题?
32. 问:朋友建议这个人怎么做?
33. 问:这个人照着做的效果怎么样?

34～36题是根据下面一段话:

随着人们健康意识的提高,越来越多的人开始注重自己的身体健康。每逢周末,市区各个运动场所,如篮球场、足球场、游泳馆、健身房等,都会挤满前来锻炼的人,其中大多数是上班族。他们平时忙于工作,没有多少时间锻炼身体,只能利用周末的时间突击锻炼。然而,来自医院急诊科的数据显示,患"周末运动病"的人也越来越多。

"周末运动病"是因周末突然进行强度较大的运动而引起的,主要症状为肌肉或韧带拉伤、骨折等。专家建议人们最好每天都能进行适量的运动,若只能在周末运动,也要注意运动方式。例如,运动前进行五分钟左右的热身活动,运动后做些放松动作,等等。

34. 问:只能在周末进行运动的主要是哪类人?
35. 问:"周末运动病"是由什么原因引起的?
36. 问:根据这段话,运动后要注意什么?

37～40题是根据下面一段话:

昙花原产于中南美洲的热带沙漠地区。那里的气候特别干燥,白天气温非常高,娇嫩的昙花只有在晚上开放才能避免白天强烈阳光的照射;而昙花又属于虫媒花,沙漠地区晚上八九点钟正是昆虫活动频繁之时,此时开花最有利于授粉。而午夜以后,沙漠地区气温过低,不利于昆虫活动,因此,也就不利于昙花的授粉。所以昙花的开花时间一般就是在晚上,盛开的时间也只有三四个小时,非常短暂。昙花在漫长的进化过程中逐渐形成了这种特殊的开花习性。

昙花开放时，花筒缓缓翘起；紧接着，绛紫色的外衣慢慢打开；然后，由15片左右花瓣组成的、洁白如雪的大花朵就开放了。昙花开放时，花瓣和花蕊都会微微颤动，艳丽动人。可是，三四个小时后，它的花冠闭合，花朵很快就凋谢了，真是"昙花一现"啊。

37. 问：中南美洲的热带沙漠地区气候怎么样？
38. 问：什么时候可以看到昙花开放？
39. 问：昙花是什么颜色的？
40. 问：关于昙花，下列哪一项正确？

答案

1. C	2. D	3. B	4. D	5. A	6. C	7. B	8. A	9. D	10. C
11. D	12. A	13. B	14. D	15. A	16. C	17. C	18. A	19. A	20. C
21. A	22. D	23. C	24. A	25. B	26. C	27. C	28. A	29. B	30. A
31. D	32. C	33. A	34. B	35. D	36. B	37. C	38. B	39. A	40. B

详细解析

1. 正确答案是C。"三天打鱼，两天晒网"比喻学习或做事缺乏恒心，时常中断，不能坚持。根据男的说的"你可不能三天打鱼，两天晒网，学两天就不学了啊"可知，男的希望女的坚持学下去，不要半路放弃。因此，选项C符合题意。

2. 正确答案是D。男的说这款窗帘"样式不错，颜色也好看"，女的也同意"设计风格挺好的"，样式和颜色都属于设计风格，可排除选项B、C；根据女的说的"就是布料太薄了"可知，女的认为布料不够厚，选项D符合题意；选项A对话中没有提到。

3. 正确答案是B。对话中提到"电影票房竟然过了五亿"，但并没有说这部电影的成本是多少，因此无法判断它是否收回了成本，可排除选项A；根据男的说的"吸引了不少年轻人"可知，这部电影很受年轻人的欢迎，选项B符合题意；选项C、D对话中没有提到。

4. 正确答案是D。男的问女的是否带来了"读书期间发表的那些文章"，女的表示"都在这个文件夹里"，可见文件夹里装的是发表的文章。因此，选项D符合题意。名词"文章"前面有很长的定语"你在简历里提到的读书期间发表的那些"，可能会影响考生的判断，听录音的时候考生要注意抓住定语修饰的中心语。

5. 正确答案是A。女的问"门是不是锁上了？怎么打不开？"，男的告诉她"得使点儿劲才能推开"，由此可知，女的是在开门，选项A符合题意；选项B、C、D对话中没有提到。

6. 正确答案是C。根据男的说的"临时有事"可知，他突然有别的事情，所以不能负责新生报到工作了，选项C符合题意；选项A、B、D对话中没有提到。

7. 正确答案是B。根据女的说的"你得把字号调大一些"可知，选项B符合题意；选项A、C、D对话中没有提到。

8. 正确答案是A。根据女的说的"那个太刺激了"可知，选项A符合题意；选项B、C、D对话中没有提到。

9. 正确答案是 D。本题是细节题，听录音前先浏览选项，听录音时就能锁定答案了。根据男的说的"脖子和肩膀又酸又痛"可知，选项 D 符合题意；选项 A、B、C 对话中没有提到。

10. 正确答案是 C。男的说下午有讲座，因此图书馆今天没有闭馆，可排除选项 D；男的问女的对讲座是否"有兴趣"，并不是说讲座很有趣，可排除选项 A；讲座是关于"戏剧文学"的，但对话中并没有提到男的想学戏剧，可排除选项 B；根据女的说的"我两点还有一节化学课"可知，女的下午有课，选项 C 符合题意。

11. 正确答案是 D。本题主要考查的是考生能否理解口语中的常用语及习惯表达方式。对话中的关键表达结构是"我觉得还是……比较好"，这一结构通常用于向对方提出某种建议，"提前半个小时走"就是建议的具体内容，男的是建议最好早点儿出发，选项 D 符合题意；选项 A 与男的的说法矛盾；对话中两人在商量出发的时间，说明男的是想去的，可排除选项 B；选项 C 与男的说的"最近老是堵车"不符。

12. 正确答案是 A。本题主要考查的是考生能否把握对话中的关键信息并进行推理判断。"车快要开了""我要上车了""祝你一路平安"等内容都是在车站送别时说的话，选项 A 符合题意；在机场可能会有类似的送别话语，但应换成"飞机快起飞了""我要登机了"，可排除选项 D。

13. 正确答案是 B。本题主要考查的是考生能否把握对话中的关键信息并进行推理判断。对话中的关键信息是"买单"，"买单"是结账的意思，一般在饭馆吃完饭后付钱时说。因此，选项 B 符合题意。

14. 正确答案是 D。本题主要考查的是考生能否把握对话中的关键信息并进行推理判断。对话中的关键信息是"来采访"，男的的爱人来采访他们学校建校 90 周年庆祝活动，由此可以推断，她最可能是记者。因此，选项 D 符合题意。

15. 正确答案是 A。本题主要考查的是考生能否把握对话中的具体信息。听录音前先看四个选项，可以预测这是一个地点题。当听到"我那会儿在厨房做饭呢"，就可以锁定正确答案了。因此，选项 A 符合题意。此外，对话中的"那会儿"与问题中的"刚才"是同义转换的关系，同义转换在问题中经常使用，这点需要考生注意。

16. 正确答案是 C。根据男的说的"我从大学三年级就开始做市场调查，到毕业时我对水果经营已经有了一定的了解"可知，男的大学三年级就开始做跟水果生意有关的事了，选项 C 符合题意；问题问的是"开始接触水果生意"，而不是"开水果店"，可排除选项 D；选项 A、B 对话中没有提到。

17. 正确答案是 C。本题既考查考生对细节的定位与搜索能力，又考查考生的推断能力。对话中男的说的"这个行业有很好的前景"与选项 C"有光明的未来"属于同义转换，选项 C 符合题意；男的认为大学里学到的知识对经营水果店很有帮助，还举例说明大学上的市场与管理课对他在人员调动方面和水果进货配比方面的技巧有助益，可排除选项 D；男的说水果店的生意情况得看天气，并没有说生意不好做，也没有说赚钱很容易，可排除选项 A、B。

18. 正确答案是 A。女的问男的水果店生意怎么样，男的回答"得看天气，晴天卖得就比阴雨天好"，也就是说，晴天卖得好，阴雨天卖得不好。因此，选项 A 符合题意。

19. 正确答案是 A。从对话内容来看，男的是开水果店的，他是水果店老板，女的问男的的问题都是采访内容，她最可能是记者，选项 A 符合题意；男的说他从大学三年级开始做市场调查，并不是说他是调查员，更没提到经理，可排除选项 B；对话中没有提到与公司职员相关的内容，可排除选项 C；男的是水果店老板，不是店员，可排除选项 D。

20. 正确答案是 C。本题主要考查的是考生能否把握对话中的具体信息。根据男的说的"城区的房子太贵了""在郊区买房，还能省点儿钱买辆车"可知，在郊区买房的好处是房子便宜，选项 C 符合题意；选项 A、D 都是对话中提到的在城区买房的好处；选项 B 对话中没有提到。

21. 正确答案是 A。本题主要考查的是考生能否把握对话中的具体信息。男的说"我爱人想在城区买房"，后面女的也说"那你就接受你老婆的意见吧，在城区买套房"，可见男的的妻子主张在城区买房，选项 A 符合题意；选项 B 是男的的想法；选项 C、D 对话中没有提到。

22. 正确答案是 D。本题主要考查的是考生能否把握对话中的主要信息并进行推理判断。对话中男女双方一直在交流是在郊区买房还是在城区买房的事，由此可知，男的还没有买房，可排除选项 A；女的建议男的在城区买房，并说"再说，你也买得起"，可见男的比较有钱，可排除选项 B；男的最后放弃了自己的打算，接受了女的的建议，决定在城区买房，可排除选项 C，并确定选项 D 符合题意。

23. 正确答案是 C。女的说"唉，别提了，我正发愁呢"，再结合她后面说的"这么贵重的礼物，我收吧，好像接受了他太多好意，不收吧，又太不给他面子了。真是左也不是，右也不是"，可见女的对收不收礼物感到很为难。因此，选项 C 符合题意。俗语"左也不是，右也不是"表示这样做也不对，那样做也不对，形容无论怎样做都有难处，常用于表达为难的情况。

24. 正确答案是 A。由对话内容可知，女的喜欢这个礼物，男的对女的说"既然你喜欢，就收下呗"，这是建议女的接受礼物。因此，选项 A 符合题意。

25. 正确答案是 B。对话中女的说"我跟小陈的关系就是普通同事"。因此，选项 B 符合题意。

26. 正确答案是 C。女的说"我跟小陈的关系就是普通同事，我不想再有更进一步的发展了"，说明她担心如果收下这么贵重的礼物，小陈会误以为她愿意和他进一步发展，四个选项中只有选项 C 跟这个意思最接近。因此，选项 C 符合题意。

27. 正确答案是 C。这段话中提到"一方面，图书馆的环境非常安静，可以最大限度地减少外界对我们的干扰，使我们的精力更集中"，"精力更集中"与"注意力易集中"意思一样。因此，选项 C 符合题意。

28. 正确答案是 A。这段话中提到"大家来图书馆的目的就是学习"，选项 A 符合题意；需要注意的是，选项 B"看书"与选项 C"做作业"非常有迷惑性，"看书"和"做作业"都属于学习的范围，但单选 B 或 C 都不全面。

29. 正确答案是 B。这段话中提到"实验证明，在竞争的氛围中，任务执行的效率通常会比较高"。因此，选项 B 符合题意。

30. 正确答案是 A。本题主要考查的是考生能否领会这段话中的内容要点或大意。首先快速浏览四个选项，抓住选项关键词"杂念""朋友""竞争""高兴"，听录音时留意讲话中与之相关的词语，即可锁定答案。这段话中提到"想要消除杂念，提高学习效率，去图书馆是一个好办法"，选项 A 符合题意；选项 C 与这段话中说的"在竞争的氛围中"相反；选项 B、D 这段话中没有提到。

31. 正确答案是 D。这段话中提到"于是他就向这位朋友请教：'怎样才能让员工开会时集中注意力呢？'"，"请教"就是请求别人指教，问别人问题的意思。问题中的关键词"咨询""什么问题"与此相符，由此可知，那个人向朋友咨询如何让员工专心开会的问题。因此，选项 D 符合题意。

32. 正确答案是 C。根据这段话，朋友的建议是"你只要在会议结束后再宣布由谁做会议记录员就可以了"。因此，选项 C 符合题意。

33. 正确答案是 A。抓住问题中的关键词"照着"，就能锁定这段话中的相关信息"照着朋友说的去做了"，根据这句话后面的"果然，从那以后，每次开会，员工都非常认真，会议效率也大大提高了"可知，选项 A 符合题意；选项 B、C 这段话中没有提到；选项 D 跟事实不符。

34. 正确答案是 B。首先快速浏览四个选项，可推测问题跟某一群体相关，抓住问题中的关键词"只能""周末""运动"，再根据这段话中的"其中大多数是上班族。他们平时忙于工作，没有多少时间锻炼身体，只能利用周末的时间突击锻炼"可知，只能在周末进行运动的主要是上班族。因此，选项 B 符合题意。

35. 正确答案是 D。这段话中提到"'周末运动病'是因周末突然进行强度较大的运动而引起的"，可见是运动量的突然加大造成了"周末运动病"，选项 D 符合题意；选项 B"拥挤"有一定的迷惑性，这段话中提到"市区各个运动场所……都会挤满前来锻炼的人"，但并没有说是因为场地拥挤而引起的"周末运动病"，可排除选项 B；选项 A、C 这段话中没有提到。

36. 正确答案是 B。抓住问题中的关键信息"运动后""注意"，就能锁定这段话中的相关信息"要注意运动方式……运动后做些放松动作"，由此可知，选项 B 符合题意；选项 A、C、D 是一般常识，但这段话中没有提到。

37. 正确答案是 C。这段话开头就提到"昙花原产于中南美洲的热带沙漠地区。那里的气候特别干燥"，由此可知，选项 C 符合题意；这段话中还提到"白天气温非常高""午夜以后，沙漠地区气温过低"，这样的气候是有规律的白天气温高，晚上气温低，不能用"气温高""气温低""不稳定"来形容，可排除选项 A、B、D。

38. 正确答案是 B。这段话中有三处提到了昙花开放的时间，分别是"娇嫩的昙花只有在晚上开放""沙漠地区晚上八九点钟正是昆虫活动频繁之时，此时开花最有利于授粉""昙花的开花时间一般就是在晚上"，由此可知，选项 B 符合题意；选项 A、C、D 都与这段话中描述的事实不符。

39. 正确答案是 A。根据这段话中的"洁白如雪的大花朵就开放了"可知，昙花是白色的，选项 A 符合题意；"紫色"是昙花外衣的颜色，并不是花朵的颜色，可排除选项 C；选项 B、D 这段话中没有提到。

40. 正确答案是 B。根据"昙花原产于中南美洲的热带沙漠地区"，可排除选项 C；根据"沙漠地区晚上八九点钟正是昆虫活动频繁之时，此时开花最有利于授粉"可知，昙花需要昆虫授粉，与昆虫活动相关，可排除选项 D；根据"盛开的时间也只有三四个小时，非常短暂"可知，选项 B 符合题意；根据"洁白如雪的大花朵"，可排除选项 A。

听力理解模拟试题（三）

录音材料

第一部分

1. 女：那只猴子怎么那么聪明啊？都会拧开瓶盖喝矿泉水。
   男：是啊，猴子的观察能力、模仿能力都很强。再往前走就是老虎了，我们过去看看老虎睡醒了没有。
   问：对话最可能发生在哪里？

2. 女：你看人家老王的儿子，门门功课都拔尖儿，而且不用大人操心。
   男：那是"别人家的孩子"。
   问：说话人谈到老王的儿子时是什么语气？

3. 女：爷爷，这是给您做的长寿面。祝您福如东海，寿比南山。
   男：好，好。这大老远的都回来了，今天大团圆了。
   问：根据对话，今天是什么日子？

4. 男：到饭点了，我们去餐车吃点儿饭吧。
   女：餐车在8号车厢，离我们这节车厢比较远。一会儿乘务员就推着小车来卖盒饭了，不如买点儿盒饭吃吧。
   问：对话最可能发生在哪里？

5. 男：王平最近忙什么呢？好长时间没见他了。
   女：说曹操，曹操到。你看和李静、刘伟一起往这边走的那个人是谁？
   问：女的是什么意思？

6. 女：下面我们欢迎省级教学名师——张林老师给大家介绍教学经验。
   男：教学名师不敢当。作为一名老教师，很高兴有机会和各位同行交流探讨。
   问：男的是什么态度？

7. 男：怎么练也练不好，我不想学钢琴了。
   女：遇到点儿困难就打退堂鼓，那你什么也做不好。
   问：女的是什么意思？

8. 男：今天有个好消息，待会儿吃了饭告诉你。
   女：不说不许吃饭，你就喜欢吊人胃口。
   问：女的是什么意思？

录音材料、答案与解析

9. 男：这次专业课我考砸了，今年考研八成没戏了。
   女：都考完了就别想那么多了，大不了明年再考一次。
   问：女的是什么意思？

10. 女：晚上我们一起练习书法吧。
    男：你可真找对人了！我对书法毫无兴趣。
    问：男的是什么意思？

11. 女：我给你的板蓝根颗粒喝了吗？感冒好些了吗？
    男：你别说，板蓝根还真管用，我才喝了一包，头就不疼了，感冒几乎全好了。
    问：根据对话，板蓝根是什么？

12. 男：我们现在就吃饭，不等爸爸了吗？
    女：他下午给我打了个电话，说有个病号情况很危急，晚上要加班给他做个手术，不能回来吃晚饭了。
    问：爸爸是做什么工作的？

13. 女：你可回来了！都把我急死了，快劝劝他俩，马上就要打起来了。
    男：你也真是的！连个孩子都管不了吗？
    问：男的是什么语气？

14. 男：王平，加油！加油！太棒了！进了！我们班赢了！
    女：瞧你激动得，你可真是王平的铁杆球迷啊。你快去拥抱他一下吧。
    问：对话最可能发生在哪里？

15. 男：我的手机呢？
    女：我哪儿知道啊？不在你包里吗？你去沙发上看看有没有。
    问：女的是什么意思？

第二部分

16～18题是根据下面一段对话：

男：董总，支撑您不断投入的动力是什么？
女：我一直认为企业赢利是必然的，但赢利不是目的，企业的使命是要承担社会责任，推动社会进步。
男：最让您感到骄傲的是什么？
女：我们在空调领域已经成为世界一流品牌。空调最核心的就是压缩机、电机、电控部分，经过多年的沉淀，我们已经实现了自主整合。我感到非常自豪。
男：您一直以来对企业坚持的要求是什么？

女：是不断提高产品的质量。2005年我们推出了家用空调6年免费包修政策，2021年我们又推出了家用空调10年整机免费包修政策，这真的是一个巨大的挑战，一次又一次把空调品质推向新的高度。

男：您认为接班人需要具备什么样的素质？

女：第一，要讲真话；第二，要讲诚信；第三，也是最重要的，就是要对企业负责。这三方面是原则，也是底线。

16. 问：女的经营企业不断投入的动力是什么？
17. 问：2015年女的的公司推出的政策是家用空调免费包修几年？
18. 问：女的认为接班人最重要的素质是什么？

19～22题是根据下面一段对话：

女：听说你周末去看房子了？是不是准备结婚了？

男：结婚是没影儿的事，还想着让你帮我介绍个女朋友呢。看房子是真的，工作好几年了，老是租房住也不是长久之计。

女：可不是。租房住没有归属感，再说了，一年一年的房租交出去，等于是替房东还贷款。

男：说得是。这不，我父母比我还着急，一直催着我去看房。这两年我自己攒了些钱，他们再赞助些，我打算看好了就付个首付入手一套了。

女：你打算选个小户型还是大户型？

男：这还用问啊？咱工薪阶层，靠工资吃饭的，哪能打肿脸充胖子啊？再说了，现在基本上都是电梯房，大户型公摊面积大，公摊费用多，多不划算啊。

女：谁说不是呢？普通家庭过日子，小户型最实用，利用率高。现在小户型非常抢手，打扫卫生不也省事吗？

男：将来如果打算换房子，往外出售，小户型也更容易出手。

19. 问：男的现在怎么住？
20. 问：男的打算怎么买房子？
21. 问：男的打算买个什么样的房子？
22. 问：为什么说买大户型的房子不划算？

23～26题是根据下面一段对话：

女：王平，考完试你有什么打算？

男：我打算去公司实习。

女：我们成立了一个"帮助老年人使用智能手机"的志愿者团队，你是电子信息专业的高才生，也来为老年人献一份爱心，怎么样？

男：志愿服务的时间和方式是怎么安排的？

女：我们利用周末走进社区，一对一、手把手地教叔叔阿姨们微信聊天儿、网上购物、预约看病、扫码支付等。

男：对志愿者有什么要求吗？

女：只要足够耐心就行，老人可能一时半会儿记不住，就是记住了也容易忘，要反复地告诉他们怎么操作。

男：那没问题，这个周末我就可以参加。

女：太好了！你不知道，那些老人都把我们当自己孩子一样，每个周末都盼着跟我们见面，给我们准备好吃的，关心我们的生活。我教的那个王阿姨担心天冷，还亲手给我织了一条围巾，把我感动得不得了。

男：这件事情很有意义。

23. 问：女的周末去干什么？
24. 问：志愿者怎么教老人？
25. 问：对志愿者教老人有什么要求？
26. 问：什么事情让女的非常感动？

27～30题是根据下面一段话：

情侣间初次约会最好选择自助餐。自助型的用餐方式便于掌握对方的饮食喜好。与此同时，因自助餐需要增添食物，彼此间的互动性会更强，初次约会的尴尬会在最大限度上得到缓解。

同时，吃自助餐还可以帮你了解对方的潜在性格。比如，只吃完初次端来的少量食物便不再添加的人，性格羞涩内向，但对你颇有好感，害怕给你留下贪吃的坏印象。

又比如，只要看到新鲜有趣的菜品，不论能不能吃完，一概端来，满满摆上一桌子的人，性格更孩子气，消费也相对缺乏节制。

再比如，每次只添加自己爱吃的食物，对不熟悉的食物决不轻易尝试的人，保守但可靠，不过，生活情调方面会有所欠缺。

还比如，在用餐过程中，周到地为你服务，跑前跑后地为你添加食物，这种类型的人属于典型的社交高手，极富异性缘。

27. 问：初次约会吃自助餐的好处，下列哪一项这段话中没有提到？
28. 问：哪种人害怕给对方留下贪吃的坏印象？
29. 问：每次只添加自己喜欢吃的食物的人性格怎么样？
30. 问：在用餐过程中，周到地为对方服务的人有什么特点？

31～34题是根据下面一段话：

自从故乡的小镇上有了快递网点，我隔三岔五就会给老家的父亲邮寄一些物品回去。起初，父亲听说需要凭借手机取件码才能取出快递，吓得不知如何是好。

但父亲的恐惧丝毫阻挡不了我往家里寄东西。每次收到取件短信通知后，他都不得不硬着头皮骑上电动三轮车，去离家4公里远的镇上取件。后来取的快递多了，父亲便不再害怕，以至于再收到取件短信通知时，他甚至会高兴地直奔小镇取件。父亲很是享受乡亲们羡慕的眼神。

一个春天的下午，我突然收到一件来自老家的快递，拆开一看，顿时流下眼泪，里面是一双父亲做的布鞋，这也是他老人家给我寄的第一件快递。我依稀记得曾在无意间说过特别喜欢穿他做的布鞋。后来父亲便开始频繁地给我邮寄东西，自家地里一年四季产的粮食、蔬菜、水果，他都会第一时间给我寄来，让我尝鲜。

31. 问：最初收到取件短信通知时，父亲是什么感觉？
32. 问：父亲收到取件短信通知后，怎么去镇上取快递？
33. 问：后来再收到取件短信通知时，父亲是什么感觉？
34. 问：父亲给说话人寄的第一件快递是什么？

35～37题是根据下面一段话：

压力分为急性压力和慢性压力。

云霄飞车和蹦极等极限运动带来的压力就是急性压力。虽然我们从中感到生命安全受到了威胁，但是这种感觉很刺激。急性压力来得快，走得也快，不会给身体带来太大影响。再强烈的急性压力给身体带来的影响也只会持续两个小时。急性压力能够让身体在短时间内释放出大量能量，这其实是有利于生存的。比如，如果我们在大自然中看到老虎，就会在急性压力下跑得更快。急性压力还会使我们的注意力更加集中，从而提高学习效率、工作效率。

而慢性压力如果不能合理释放，就会对身体造成伤害。慢性压力导致的一个公认的生理症状就是偏头痛，另一个后果是肥胖。它不会让人全身肥胖，而是几乎把脂肪全部堆积在肚子上。慢性压力还会抑制消化系统，但是不少人在压力大的时候反而过度进食，这对身体的伤害非常大。

35. 问：急性压力给身体带来的影响最多持续多长时间？
36. 问：什么会使我们的注意力更加集中？
37. 问：关于慢性压力对身体造成的伤害，下列哪一项正确？

38～40题是根据下面一段话：

某大学生物进化研究小组做过这样一个实验：将90只蚂蚁分成3组，然后在每组各自的人工巢穴里安装微型摄像机，观察它们的日常行为。结果发现，每个小组都有20%的蚂蚁是不做事的，它们要么躺着不动，要么就是在巢穴周围四处闲逛，教授叫它们"懒蚂蚁"。这就奇怪了，这么勤劳的生物，怎能容忍一群白吃白喝不干活儿的废物？其实，它们的作用只有在非常时期才能体现出来。当研究者断绝这些蚂蚁的食物来源时，那些平常工作起来很勤快的蚂蚁立刻陷入混乱，急得团团转，反倒是那20%的"懒蚂蚁"站了出来，带领蚁群找到新的食物来源。原来，它们平时看起来四处游荡、玩耍，其实是为了侦察和研究。也就是说，蚂蚁在亿万年的进化中形成了这样的群体智慧：种群中要保持一部分蚂蚁"闲逛"的自由，在遇到危机时，才更有可能找到新的出路。

38. 问：在实验中，每个小组有多少蚂蚁不做事？
39. 问：当研究者断绝蚂蚁的食物来源时，平时勤奋工作的蚂蚁是什么表现？
40. 问："懒蚂蚁"平时为什么不干活儿？

录音材料、答案与解析

答案

1. D	2. B	3. D	4. C	5. C	6. A	7. A	8. C	9. D	10. D
11. A	12. B	13. C	14. D	15. B	16. B	17. C	18. D	19. B	20. B
21. A	22. B	23. D	24. A	25. C	26. B	27. C	28. D	29. B	30. A
31. A	32. D	33. C	34. B	35. B	36. C	37. D	38. B	39. C	40. D

详细解析

1. 正确答案是 D。对话中提到了猴子、老虎，男的说"再往前走就是老虎了，我们过去看看老虎睡醒了没有"，可以看猴子、老虎，并且它们各自在固定的地方，那一定是在动物园，选项 D 符合题意；虽然森林、山上也可能有猴子和老虎，但它们的位置是不固定的，也不能随便看老虎，公园也不可能有老虎，可排除选项 A、B、C。

2. 正确答案是 B。女的说老王家的儿子成绩"拔尖儿"，而且不用大人操心，"拔尖儿"是出众、超出一般的意思，女的是羡慕老王的儿子很优秀，男的也表示老王的儿子是"别人家的孩子"，"别人家的孩子"常用于表达羡慕别人的孩子优秀的意思。因此，选项 B 符合题意。

3. 正确答案是 D。女的说"爷爷，这是给您做的长寿面。祝您福如东海，寿比南山"，过生日有吃面条儿的习俗，称之为"长寿面"，而"福如东海，寿比南山"是给老人祝寿时说的话，由此可知，今天是爷爷的生日。因此，选项 D 符合题意。

4. 正确答案是 C。男的想去餐车吃饭，女的说餐车在 8 号车厢，比较远，一会儿乘务员会来卖盒饭。在常见交通工具中，只有火车上才有"餐车"，再加上"车厢""乘务员""卖盒饭"这些关键词语，可推断他们是在火车上。因此，选项 C 符合题意。

5. 正确答案是 C。男的问起王平的情况，说好长时间没见他了，女的说"说曹操，曹操到"，俗语"说曹操，曹操到"是指说到某个人，某个人就来了，女的的意思是说到王平，王平就来了，并不是指曹操这个历史人物，选项 C 符合题意，同时可排除选项 A；女的提到李静和刘伟，是告诉男的王平正和他们俩一起走，选项 B、D 都是干扰项，可排除。

6. 正确答案是 A。当女的介绍男的是省级教学名师时，男的说"教学名师不敢当"，"不敢当"是谦辞，表示承担不起（夸奖或美名），由此可知，男的是一种谦虚的态度。因此，选项 A 符合题意。

7. 正确答案是 A。男的因为不管怎么练都练不好钢琴，不想继续学了，女的说"遇到点儿困难就打退堂鼓，那你什么也做不好"，惯用语"打退堂鼓"比喻做事中途退缩，女的是说如果遇到困难就放弃的话，就什么也做不好，她是劝男的不要遇到困难就放弃，并不是说男的学不好钢琴，做不好事情。因此，选项 A 符合题意。

8. 正确答案是 C。女的说"不说不许吃饭，你就喜欢吊人胃口"，"不说不许吃饭"是如果不说就别吃饭的意思，并不是不让男的吃。"吊胃口"比喻让人产生欲望或兴趣，女的听到男的说有好消息，产生了想知道好消息是什么的欲望，想让男的快点儿说，说了再吃饭。因此，选项 C 符合题意。

237

9. 正确答案是D。男的说"今年考研八成没戏了","八成"是多半，很可能的意思，"没戏"是没希望的意思，男的是说今年考研多半没希望了，这是推测，并不是事实，女的说"大不了明年再考一次","大不了"是最多不过，最坏不过的意思，女的是说最坏的情况不过是明年再考一次，并没有确定男的今年没考上，也没有确定男的明年一定会再考一次，更没有表示男的明年一定能考上。因此，可排除选项A、B、C，并确定选项D符合题意。

10. 正确答案是D。女的提议一起练习书法，男的说"你可真找对人了！我对书法毫无兴趣","毫无"是一点儿也没有的意思，男的是说他对书法一点儿兴趣也没有，由此可知，"你可真找对人了！"是反话，意思是你找错人了。因此，选项D符合题意。

11. 正确答案是A。男的说"板蓝根还真管用，我才喝了一包，头就不疼了，感冒几乎全好了","管用"是有效，起作用的意思，男的意思是板蓝根对治疗头疼、感冒很有效，由此可推断，板蓝根是一种药。因此，选项A符合题意。

12. 正确答案是B。女的说有个病号情况很危急，爸爸要加班给他做个手术，"病号"是病人的意思，"做手术"是医生的工作，由此可推断，爸爸是医生。因此，选项B符合题意。

13. 正确答案是C。男的说"你也真是的！连个孩子都管不了吗","（某人）真是的！"表达抱怨或责备的语气，后面是抱怨或责备的内容，男的是在责备女的管不好孩子。因此，选项C符合题意。

14. 正确答案是D。根据对话可知，男的和女的在观看班级之间的球类比赛，女的还建议男的"你快去拥抱他一下吧"，由此可推断，他们是在球场观看比赛。因此，选项D符合题意。"瞧你激动得"是对方很激动的意思，"铁杆球迷"是指坚定不移的球迷。

15. 正确答案是B。男的问女的他的手机在哪里，女的说"我哪儿知道啊？","哪儿"用于反问句，表示否定，女的是说她不知道，并不是让男的别问她，可排除选项A，并确定选项B符合题意；女的提到的"包里""沙发上"只是手机可能在的地方，并不是说她知道手机在哪里，可排除选项C、D。

16. 正确答案是B。当男的问女的支撑她不断投入的动力是什么时，女的明确表示：企业赢利不是目的，企业的使命是要承担社会责任，推动社会进步，由此可知，女的不断投入经营企业的动力不是赢利，而是承担社会责任。因此，选项B符合题意。

17. 正确答案是C。浏览四个选项可发现，本题与年限有关，听录音时要留意年限信息。女的说2005年他们推出了家用空调6年免费包修政策，2021年又推出了家用空调10年整机免费包修政策。看起来好像没有提到2015年的政策，事实上在2021年推出新政策以前，2015年延续了2005年推出的政策，所以2015年也是家用空调6年免费包修。因此，选项C符合题意。

18. 正确答案是D。做对本题的关键是要捕捉到关键词语"最重要"的相关信息。问题是接班人最重要的素质是什么，女的在访谈中明确表示：最重要的是要对企业负责。因此，选项D符合题意。

19. 正确答案是B。男的说"老是租房住也不是长久之计","长久之计"是指长远的打算，男的的意思是租房住只是暂时的，不是长远的打算，由此可知，男的现在是租房住。因此，选项B符合题意。

录音材料、答案与解析

20. 正确答案是B。对话中男的说"我打算看好了就付个首付入手一套了","首付"是指分期付款购买商品时,第一次付的钱。由此可知,男的是分期付款买房子,可排除选项A,并确定选项B符合题意;根据对话,男的准备的首付的钱一部分是自己攒的,另一部分是父母的钱,可排除选项C、D。

21. 正确答案是A。女的问男的"打算选个小户型还是大户型?"时,男的回答"这还用问啊?咱工薪阶层,靠工资吃饭的,哪能打肿脸充胖子啊?","这还用问啊?"是反问句,意思是答案很明显,不用问,"哪能"也用于反问句,是不能的意思,惯用语"打肿脸充胖子"是指为了要面子而做自己能力达不到的事情,结果弄得自己很受罪,男的的意思是说他们是工薪阶层,收入不高且固定,不能为了要面子买个大房子,搞得自己压力很大,活受罪。由此可推断,男的打算买个小户型,两人后面的对话是在说大户型的缺点和小户型的优点,进一步说明了男的想买小户型。因此,选项A符合题意。

22. 正确答案是B。对话中男的说"大户型公摊面积大,公摊费用多,多不划算啊","划算"就是合算,是付出人力、物力较少而收获较大的意思,可见男的说大户型的房子不划算指的是公摊费用多。因此,选项B符合题意。

23. 正确答案是D。对话中女的说他们成立了一个"帮助老年人使用智能手机"的志愿者团队,利用周末时间走进社区,一对一、手把手地教老人微信聊天儿、网上购物、预约看病、扫码支付等,由此可知,女的周末是去社区教老人使用智能手机,不是去工作,也不是去照顾老人,更不是回家。因此,选项D符合题意。

24. 正确答案是A。关于如何教老人使用智能手机,女的明确提到是"一对一、手把手地教",选项A符合题意;选项B、C、D对话中没有提到。

25. 正确答案是C。对话中男的问女的对志愿者有什么要求时,女的说"只要足够耐心就行",可见,志愿者教老年人使用智能手机的要求是"耐心",选项C符合题意;选项A、B、D对话中没有提到。

26. 正确答案是B。对话中女的说那些老人"每个周末都盼着跟我们见面,给我们准备好吃的,关心我们的生活",根据这句话,本题给出了三个干扰选项A、C、D,但后边女的接着说"我教的那个王阿姨担心天冷,还亲手给我织了一条围巾,把我感动得不得了",这时才出现问题的关键词"感动","不得了"在这里做补语,表示程度很深,由此可知,让女的感动的是王阿姨亲手给她织了围巾。因此,选项B符合题意。

27. 正确答案是C。本题要注意问题是"下列哪一项这段话中没有提到",听录音时要把听到的选项逐一排除掉。这段话中提到"自助型的用餐方式便于掌握对方的饮食喜好",可排除选项A;这段话中接着说"因自助餐需要增添食物,彼此间的互动性会更强,初次约会的尴尬会在最大限度上得到缓解",可排除选项D;这段话中还提到"吃自助餐还可以帮你了解对方的潜在性格",可排除选项B。因此,选项C符合题意。

28. 正确答案是D。根据"只吃完初次端来的少量食物便不再添加的人,性格羞涩内向,但对你颇有好感,害怕给你留下贪吃的坏印象"可知,选项D符合题意。

29. 正确答案是B。浏览四个选项可发现，它们是不同的性格特点，听录音时就要注意辨别不同的性格关键词语以及它们的不同表现。根据"每次只添加自己爱吃的食物，对不熟悉的食物决不轻易尝试的人，保守但可靠"可知，选项B符合题意。

30. 正确答案是A。根据"在用餐过程中，周到地为你服务，跑前跑后地为你添加食物，这种类型的人属于典型的社交高手"可知，选项A符合题意。

31. 正确答案是A。浏览四个选项可发现，本题主要考查的是考生能否把握反映心理状态的关键词，听录音时就要留意与心理状态相关的信息，同时，还要注意问题的关键词"最初"，因为在不同的阶段，父亲的心理状态是不同的。这段话中提到"起初，父亲听说需要凭借手机取件码才能取出快递，吓得不知如何是好"，由此可知，最初收到取件短信通知时，父亲很害怕。因此，选项A符合题意。

32. 正确答案是D。这段话中提到"每次收到取件短信通知后，他都不得不硬着头皮骑上电动三轮车，去离家4公里远的镇上取件"，由此可知，父亲是骑着电动三轮车去取快递的。因此，选项D符合题意。

33. 正确答案是C。与上面的31题一样，浏览四个选项可发现，本题主要考查的是考生能否把握反映心理状态的关键词，听录音时就要留意与心理状态相关的信息，同时，还要注意问题的关键词"后来"。这段话中提到"后来取的快递多了，父亲便不再害怕，以至于再收到取件短信通知时，他甚至会高兴地直奔小镇取件"，由此可知，后来收到取件短信通知时，父亲很高兴。因此，选项C符合题意。

34. 正确答案是B。本题要注意捕捉问题中和讲话中的关键词语"第一件"。这段话后面提到"里面是一双父亲做的布鞋，这也是他老人家给我寄的第一件快递"，由此可知，父亲给说话人寄的第一件快递是他亲手做的布鞋，选项B符合题意；粮食、蔬菜、水果是后来父亲给说话人寄的快递，不是第一次寄的，可排除选项A、C、D。

35. 正确答案是B。浏览四个选项可发现，它们都是时间段词语，听录音时就要留意与时间段词语相关的信息。根据"再强烈的急性压力给身体带来的影响也只会持续两个小时"可知，选项B符合题意。

36. 正确答案是C。根据"急性压力还会使我们的注意力更加集中"可知，选项C符合题意。

37. 正确答案是D。浏览四个选项可发现，本题与慢性压力的危害有关，听录音时就要注意与慢性压力的危害相关的信息，可一边听一边和选项进行比对。这段话中提到"它不会让人全身肥胖，而是几乎把脂肪全部堆积在肚子上"，可排除选项A；这段话中明确提到"慢性压力还会抑制消化系统"，选项D符合题意；这段话中还提到"不少人在压力大的时候反而过度进食"，需要注意的是，只是不少人过度进食，不是所有人，可排除选项B；选项C这段话中没有提到。

38. 正确答案是B。浏览四个选项可发现，它们都是百分比数字，听录音时就要留意与百分比数字相关的信息。根据"结果发现，每个小组都有20%的蚂蚁是不做事的"可知，选项B符合题意。

39. 正确答案是C。这段话中明确提到"当研究者断绝这些蚂蚁的食物来源时，那些平常工作起来很勤快的蚂蚁立刻陷入混乱"，选项C符合题意；"躺着不动"和"四处闲逛"是"懒蚂蚁"平时的表现，可排除选项A、B；"寻找新的食物来源"是"懒蚂蚁"被断绝食物来源后的表现，可排除选项D。

40. 正确答案是D。这段话中明确提到"它们平时看起来四处游荡、玩耍，其实是为了侦察和研究"，由此可知，"懒蚂蚁"平时不干活儿是为了侦察和研究，选项D符合题意；游荡、玩耍只是"懒蚂蚁"平时的表现，可排除选项B、C；选项A这段话中没有提到。

听力理解模拟试题（四）

录音材料

第一部分

1. 女：你以前来过这家餐厅吗？
   男：不止一次了。
   问：男的是什么意思？

2. 女：去新疆玩儿一趟少说也得一个礼拜吧？
   男：一个礼拜？我们单位小王只转了转北疆就用了10天时间。
   问：男的是什么意思？

3. 女：今年真是购车热啊！
   男：你看吧，只会越来越火。
   问：他们在谈论什么？

4. 女：这幅画儿的构思很巧妙。
   男：不光是构思，你看，着色和运笔都像是行家里手的做法。
   问：关于这幅画儿，下列哪一项对话中没有提到？

5. 男：哎，今天你不是值夜班吗？怎么现在还在家里？
   女：今天我和杨玲换班了，她妈妈明天过生日。
   问：关于杨玲，下列哪一项不正确？

6. 女：你这人真是的！怎么说话呢？
   男：对不起，都是我的不是，您可别往心里去。
   问：男的希望女的怎么做？

7. 男：你的老师这些天看上去憔悴了不少。
   女：你想想，这个岁数的人，遇上了这么大的事，还能受得了？
   问：关于女的的老师，下列哪一项不正确？

8. 女：他怎么还没来呀？你是不是没跟他说清楚？
   男：怎么没说清楚？我跟他说了三遍。
   问：男的是什么语气？

9. 男：咱俩谁跟谁啊？就这么点儿钱，算了吧。
   女：那怎么行呢？亲兄弟还明算账呢。
   问：女的是什么意思？

10. 女：你那份工作好是好，就是多跑很多路。
    男：只要待遇好，再远的路我也心甘情愿。
    问：男的对自己的工作是什么看法？

11. 男：今天我们吃什么？
    女：我这个人不挑食，你做什么我就吃什么，不让我做就行。
    问：根据对话，我们知道什么？

12. 男：小王，明天的网球赛我不去了，我想去处理点儿私事。
    女：那哪行啊？缺谁也不能缺了你啊。
    问：女的是什么意思？

13. 男：已经到点了，李明恐怕不来了。
    女：我看不见得，没准儿他路上堵车了呢。
    问：女的是什么意思？

14. 男：这次多亏你帮了我，真不知道怎么感谢你才好。
    女：咱俩谁跟谁啊？你太见外了。
    问：女的是什么意思？

15. 男：我们公司热切期待李总能出席明天的会议。
    女：真不巧，他出差了，明天肯定赶不回来。我们感到十分抱歉。
    问：关于李总，我们知道什么？

录音材料、答案与解析

第二部分

16～19题是根据下面一段对话：

男：五一假期快到了，放假后你有什么打算？去不去旅游啊？

女：我目前还没有什么打算，一般来说会在家待着，继续学习呗。假期对我来说没什么特别的意义。

男：哎呀，别对自己这么狠，放假了就该彻底放松放松，别总想着学习啊、作业啊。我早就准备好了，一放假就动身。

女：真的好羡慕你啊！都是我妈，她死活都不同意我去旅游，除了担心我的安全问题，主要是她认为现在还不是去旅游的时候，她觉得高中没毕业就去旅游，那是不务正业。

男：不能这么绝对吧？我爸妈对我出去走走就持肯定态度，而且现在是一路绿灯。

女：这多好啊，还是你父母开明。本来嘛，我们早就不是小孩子了，很需要了解一下学校外面的世界，开阔眼界，增加社会阅历。

男：是啊，可惜我们的父母有时候好像故意跟我们作对似的。

女：你现在这么自由，怎么也有这样的感慨？

男：唉，这可是我努力争取到的结果。一开始，我妈也是坚决反对我出门旅游的，怕我浪费时间，耽误学习。我呢，一有机会就和她沟通，软磨硬泡地做说服工作，让她相信"磨刀不误砍柴工"的道理，并用自己的学习成绩让她放一百个心，最终我成功了。

女：佩服佩服，真有你的。

16. 问：女的为什么觉得假期没什么特别意义？
17. 问：女的的妈妈对她去旅游是什么态度？
18. 问：说话人现在可能是什么身份？
19. 问：男的是怎么成功说服他妈妈的？

20～23题是根据下面一段对话：

女：张老师，您好。现在各大电视台正在播出您新拍的电视剧，这个剧主要是围绕着一家四个兄弟展开的，您饰演的老大受到了观众朋友的欢迎，感觉特别像您本人。请问您在家里是不是也是老大？

男：谢谢观众朋友们的支持。其实，戏里的人物跟我一点儿都不像。

女：您为什么这么说呢？您在电视剧里饰演的老大确实太像老大了。

男：现实生活中，我在家里是老三，我们兄弟四个，还有一个妹妹。平时在家里，有些事大家会让着我，可是在决定大事的时候，如果父母不参与，一般是大哥、二哥做主。

女：这个情况我们还是头一次听说呢。您觉得观众这么喜爱这部新剧是因为什么？

男：大家爱看这个戏，我觉得首先是剧本特别贴近生活。很多情节让人感觉似曾相识，是吧？

女：真是这样，感觉就像是我们每个人身边发生的事，特别熟悉，很亲切。

男：第二个呢，是人物特别生动。他们的呼吸都能听到似的，特别亲近。也许我们演员没有这样的经历，但观众可能有，他们觉得戏里的大哥、老三就是邻居、同事家里的样子。

女：是啊是啊，剧中的人物特别像是某个邻居，感觉我认识他。
男：第三是有生活气息。我们有个定位，要让它的生活气息扑面而来，让人觉得这就是一群人过的一段日子，而不是一个戏。

20. 问：这部电视剧的主要内容可能是什么？
21. 问：关于男的的家庭成员，下列哪一项不正确？
22. 问：在男的家里，谁的决定权最大？
23. 问：观众喜欢这部戏的主要原因是什么？

24～27题是根据下面一段对话：

女：各位网友，大家好。今天我们邀请到陈新亚总编辑，和大家聊一聊《汽车知识》杂志的一些情况。欢迎陈总编！
男：主持人好，各位网友好，很高兴和大家见面。
女：陈总编，大家都知道，现在汽车类杂志相似化问题很严重，内容和板块设置都差不多，封面也往往大同小异。
男：嗯，您说的是实情，这也是我们杂志发展所面临的严峻挑战。
女：那请问陈总编，咱们《汽车知识》杂志的定位是什么？
男：对刊物来讲，定位决定命运。《汽车知识》杂志的定位是突出"知识"二字，我们要用专业知识来服务汽车消费者。现在的新车种类越来越多，可大多数人对汽车却不十分了解，这就需要汽车知识，需要行家的服务。
女：我非常赞同您刚才说的"定位决定命运"的观点。那《汽车知识》杂志在栏目设置方面有什么特点呢？
男：我们的栏目主要分为三大板块：一是"新车速递"，介绍国内外的新车信息，这是我们的主打栏目、王牌栏目；二是"你问我答"，刊登读者所提的疑难问题，有关专家进行解答，有60%的读者是因为喜欢"你问我答"这个栏目而订购我们的杂志；三是"读者园地"，刊登读者朋友的来稿，分享他们和汽车之间的故事。

24. 问：现在汽车类杂志存在的突出问题是什么？
25. 问：《汽车知识》杂志的定位是什么？
26. 问：《汽车知识》杂志的王牌栏目是什么？
27. 问：大部分读者因为什么订购《汽车知识》杂志？

28～30题是根据下面一段话：

唐朝以前的君王、皇帝，对穿什么颜色的袍服，时有规定，时无规定。据记载，西周、东周时期，天子"着青衣"。从战国到秦汉魏晋之际盛行"五德终始说"。我国第一个皇帝秦始皇按五行木、火、土、金、水与五色青、红、黄、白、黑分别相配的"五德说"，穿黑色袍服。晋代实行金德制度，以红色为贵，所以晋代皇帝穿红袍。后来，"五德说"受到挑战，一些皇帝也不再以"五德说"为行事准则。到了隋朝，文帝、炀帝穿黄袍，但未明令禁止他人穿黄色衣服。到了唐高祖武德年间，百官百姓中开始禁穿黄色衣服，黄袍遂成为皇帝专用服装，并规定了官员的服色：三品以上为紫，四品、五品为红，六品、七品为绿，八品、九品为青。

28. 问：秦始皇规定皇帝穿什么颜色的衣服？
29. 问：什么时候黄袍成为皇帝的专用服装？
30. 问：唐朝的四品官应该穿什么颜色的官服？

31～33题是根据下面一段话：

现在是信息爆炸时代，计算机、通信卫星、声像技术融为一体的多媒体技术使各式各样的信息铺天盖地地向现代人侵袭而来，令人目不暇接，猝不及防。就像吃太饱来不及消化会造成胃部不适一样，来不及消化这些信息也让许多人，尤其是科技工作者叫苦不迭，许多人因此患上了"信息污染综合征"。

科学研究也表明，人的大脑接收信息的能力虽然异常惊人——在1/10秒的时间里，大脑可接收1000个信息单元——可如果这些信息不经分析处理，再坚强的大脑也难以承受繁杂信息的狂轰滥炸。于是，头昏脑涨、心悸恍惚、胸闷气短、精神抑郁或烦躁不安等症状也就在所难免了。因此，要想预防信息污染综合征，唯有提高识别、处理信息的能力，尽可能使繁杂的信息条理化、程序化，变成为我所用的宝贵资源。当然，生活有张有弛、大脑及时休整、适度的饮食营养和体育锻炼、规律而充足的睡眠，都是很好的预防手段。

31. 问：信息爆炸时代的特征是什么？
32. 问：信息爆炸有什么样的后果？
33. 问：预防信息污染综合征的关键是什么？

34～36题是根据下面一段话：

"天真无邪""两小无猜"常常是人们对孩子纯洁心灵的描写。和孩子打交道时，成年人可能偶尔会遇到这样的情况：本来和孩子聊得好好的，大家都很开心，但有时孩子不经意的一句话就可能会使成年人感到不快，因为有的孩子或者说绝大多数的孩子说话往往很直接，想到什么就说什么，毫无顾忌，根本不会考虑成年人的感受。另一方面，大多数孩子有时候也会抱怨成年人说的话让他们感到莫名其妙，他们不习惯成年人的表达方式，成年人说话时不喜欢直接言明，而喜欢用"言外之意"，或者"绕圈子"，喜欢让别人来猜自己的想法。在孩子们看来，成年人这样的行为真是既浪费时间，又浪费口舌。

34. 问：和孩子交谈时，成年人有时会有什么感觉？
35. 问：孩子对成年人的哪方面感到不满意？
36. 问：成年人说话有什么特点？

37～40题是根据下面一段话：

许多人每天的时间被写文案、开会、出差等排得满满当当，只有在夜深人静的时候，打开手机或电脑，偷偷打上一局"排位赛"的游戏，才算是真的长出了一口气。游戏结束时，看着自己可怜的分数或段位，肯定会再次感叹一句："这东西还真不比在职场拼杀轻松多少。"

知乎网站上有一个点赞量很高的问题："成为电子竞技职业选手和考上名牌大学，究竟哪个更难？"考上名牌大学的难度自不必说，众多的社会热点，一次次印证着当代人对教育的重视程度。而这个问题背后还有两个有趣的现象：其一，电子竞技职业选手变成了一个社会话题，说明电子竞技已经被视为一项事业，为社会所接纳；其二，打好电子竞技并不容易，难度起码不亚于考上名牌大学。我们在排位赛里一次次被"团灭带走"之后，都会对好友列表里那些"王者段位"的玩家一脸崇敬，就像当年在学校里，我们仰望排行榜上那些名列前茅的学霸同学一样。

37. 问：说话人一般什么时间玩儿游戏？
38. 问：游戏结束时，说话人会有什么感觉？
39. 问：知乎网站上那个问题告诉了我们什么？
40. 问：说话人对电子竞技是什么态度？

答案

1. A	2. A	3. C	4. D	5. C	6. C	7. A	8. B	9. C	10. A
11. C	12. C	13. B	14. C	15. D	16. C	17. B	18. B	19. A	20. D
21. C	22. A	23. B	24. D	25. C	26. B	27. D	28. A	29. D	30. B
31. B	32. D	33. D	34. D	35. B	36. C	37. C	38. A	39. C	40. D

详细解析

1. 正确答案是 A。女的问男的以前来没来过这家餐厅，男的回答"不止一次了"，"不止"表示超出某个数目或范围，"不止一次"意思是一次以上，也就是多次。因此，选项 A 符合题意。

2. 正确答案是 A。女的说"……少说也得一个礼拜吧？"，意思是最少需要一个星期，男的用反问语气回应说"一个礼拜？"，意思要么是一个礼拜肯定不够，要么是一个礼拜太多了，他接着说"……只转了转北疆就用了 10 天时间"，北疆是新疆的北部地区，面积小于南疆，在北疆转了转就需要 10 天时间，如果再加上南疆，需要的时间就更多了，由此可确定，男的的意思是一个星期不够。因此，选项 A 符合题意。

3. 正确答案是 C。对话中有两处关键信息：一是女的说的"真是购车热"，此处"热"意为火热，指受欢迎程度高，很流行；二是男的说的"越来越火"，这里的"火"与女的说的"热"意思一样。由此可知，他们是在谈论买车的人很多，汽车的销售情况很好，而不是谈论天气、火灾、季节等。因此，选项 C 符合题意。

4. 正确答案是 D。本题为反向设问题——"下列哪一项对话中没有提到？"。反向设问题一般会重读强调否定词"没有"或"不"，以提醒考生注意，听录音时要把听到的选项逐一排除掉。关于这幅画，对话中提到了"构思""着色""运笔"三个词，没有提到"题材"。因此，选项 D 符合题意。

5. 正确答案是 C。本题为反向设问题——"下列哪一项不正确？"，听录音时要把符合对话内容的选项逐一排除掉。根据对话可知，女的本来应该今天值夜班，但她和杨玲换班了，因为明天是杨玲妈妈的生日，也就是说，杨玲今天值夜班，女的明天值夜班，所以，关于杨玲，选项 C 不正确，其他选项都正确。因此，选项 C 符合题意。

6. 正确答案是 C。女的说"你这人真是的！怎么说话呢？"，可见女的生气了，男的马上道歉"对不起，都是我的不是"，"不是"在这里是错儿的意思，他接着说"您可别往心里去"，这是希望对方别在意或忘掉这事，也就是请求对方原谅自己的意思。因此，选项 C 符合题意。

7. 正确答案是 A。本题为反向设问题——"下列哪一项不正确？"，听录音时要把符合对话内容的选项逐一排除掉。两人谈论的是女的的老师，对话中提到"憔悴"，说明她的老师脸色不好，可排除选项 D；提到"这个岁数"，说明她的老师年纪大了，可排除选项 B；提到"遇上了这么大的事"，说明她的老师受打击了，可排除选项 C；提到"还能受得了？"，这是反问句，表示否定意义，意思是受不了，受不了不等于"病倒了"，选项 A 符合题意。

8. 正确答案是 B。本题主要考查的是考生能否判断对话中说话人的语气和态度。女的质疑男的"是不是没跟他说清楚？"，男的用反问句"怎么没说清楚？"回答，强调他已经说清楚了。反问句常用来表达强调、肯定、否定、反驳等语气，此处是反驳对方的质疑。因此，选项 B 符合题意。

9. 正确答案是 C。男的说"咱俩谁跟谁啊？"，这句话常用来表示说话的双方关系很亲近，男的的意思是他们俩关系好，不需要分清楚你我，他接着说"就这么点儿钱，算了吧"，意思是钱不多，不用给他了，女的回答"那怎么行呢？"，这是反问句，常用来否定对方的看法、决定等，意思是不行，她之所以不同意对方的意见，是因为"亲兄弟还明算账呢"，意思是即便是亲兄弟也应该把相互之间的账目计算清楚，所以她坚持要把钱还给男的。因此，选项 C 符合题意。

10. 正确答案是 A。女的认为男的的工作虽然好，但是上下班的距离比较远，要"多跑很多路"，但男的觉得路远点儿没关系，但有个前提——"待遇好"，待遇好就是收入多、福利好的意思，由此可知，他认为工作最重要的是待遇好。因此，选项 A 符合题意。

11. 正确答案是 C。男的询问女的今天吃什么，并没有说想出去吃，也没有说不想做饭，可排除选项 B、D；女的说"我这个人不挑食，你做什么我就吃什么"，意思是她吃什么都可以，选项 C 符合题意；女的最后说"不让我做就行"，说明她不想做饭，可排除选项 A。

12. 正确答案是 C。根据对话可知，明天有网球赛，但男的不想去参赛了，他想处理自己的事情，但女的却说"那哪行啊？"，这是个反问句，意为不行，而且语气肯定，不容商量，女的进一步说"缺谁也不能缺了你啊"，这是强调男的比谁都重要，别人都可以缺席，只有他不能缺席。因此，选项 C 符合题意。

13. 正确答案是 B。男的说"已经到点了"，"到点"是指达到规定或约定的时间，李明还没来，所以他觉得"李明恐怕不来了"，"恐怕"表示猜测，女的说"我看不见得，没准儿他路上堵车了呢"，"不见得"是不一定的意思，常用于委婉地否定某事，"没准儿"是说不定、可能的意思，也就是说，女的不同意男的的猜测，她觉得李明可能会来，并猜测现在李明还没来可能是因为路上堵车了。因此，选项 B 符合题意。

14. 正确答案是C。根据对话可知,男的在向女的表示感谢,因为女的帮助了他,"真不知道怎么感谢你才好"用于表达程度非常高的谢意和诚恳的态度。女的听后说"咱俩谁跟谁啊?",意思是说他们之间的关系非常亲近,不同于一般人的关系,她觉得男的"太见外了","见外"的意思是当外人看待,指的是如果对人过分客气就会显得疏远,如同对陌生人一般,女的这么说是让男的不要这么客气。因此,选项C符合题意。

15. 正确答案是D。根据对话可知,男的是在邀请李总出席他们公司明天的会议,但女的回答"真不巧……感到十分抱歉",由此可知,李总明天不会出席男的所说的会议,原因是"他出差了,明天肯定赶不回来","出差"是指暂时到外地办理公事,选项D符合题意;李总已经出差了,不是明天出差,可排除选项A;选项B、C对话中没有提到。

16. 正确答案是C。对话中男的问女的放假后有什么打算,去不去旅游,女的说没什么打算,她一般会待在家里继续学习,接着说了与问题一致的"假期对我来说没什么特别的意义",由此可知,女的觉得假期没什么特别意义,是因为对她来说假期和平时的生活没有什么不同,都是学习。因此,选项C符合题意。

17. 正确答案是B。对话中,女的很羡慕男的放假去旅游,并抱怨"都是我妈,她死活都不同意我去旅游",这里的"死活"用于口语,意思是无论如何,"死活都不同意"表示强调没有商量余地,坚决不同意。因此,选项B符合题意。

18. 正确答案是B。对话中多处提到"学习""作业""学校""学习成绩"等内容,由此可知,说话人的身份是学生;再由女的说的"高中没毕业就去旅游,那是不务正业",可以断定说话人是高中生。因此,选项B符合题意。

19. 正确答案是A。根据对话可知,对男的放假去旅游,他爸妈完全支持,女的表示羡慕,并抱怨自己的父母没有男的的父母开明,男的说自己的自由是他"努力争取到的结果",接着介绍了他努力争取的过程和方法。因此,选项A符合题意。

20. 正确答案是D。这段对话是关于一部电视剧的访谈节目片段。关于电视剧的内容,女的说"这个剧主要是围绕着一家四个兄弟展开的",四个选项中只有选项D与这句话的意思最为接近。因此,选项D符合题意。

21. 正确答案是C。本题为反向设问题——"下列哪一项不正确?",听录音时要把符合对话内容的选项逐一排除掉。男的说"现实生活中,我在家里是老三,我们兄弟四个,还有一个妹妹",而且后面他还提到了"大哥、二哥",所以他有两个哥哥、一个弟弟、一个妹妹,没有姐姐。因此,选项C符合题意。

22. 正确答案是A。男的说"在决定大事的时候,如果父母不参与,一般是大哥、二哥做主",看起来他们家似乎是大哥、二哥的决定权最大,但有个前提——如果父母不参与,言外之意,父母参与的话,就不是大哥、二哥做主,由此可知,他们家父母的决定权最大。因此,选项A符合题意。

23. 正确答案是B。本题是这段对话的核心内容,探讨观众喜欢这部电视剧的原因。关于这个问题,男的说了三点:一是剧本特别接近生活,二是人物特别生动,三是有生活气息。这三方面就是剧情真实的具体表现,比如情节让人感觉似曾相识,似乎能听到剧中人物的呼吸,特别亲近,生活气息扑面而来,让人觉得这就是一群人过的一段日子,等等,这都是剧情真实性的直接体现。因此,选项B符合题意。

24. 正确答案是D。这段对话是关于《汽车知识》杂志的访谈节目片段。女的是主持人,根据女的说的"现在汽车类杂志相似化问题很严重,内容和板块设置都差不多,封面也往往大同小异"可知,选项D符合题意。

25. 正确答案是C。女的提出的第一个问题就是关于《汽车知识》杂志的定位,男的对此有明确的回答:"《汽车知识》杂志的定位是突出'知识'二字,我们要用专业知识来服务汽车消费者。"因此,选项C符合题意。

26. 正确答案是B。男的在谈《汽车知识》杂志在栏目设置方面的特点时提到,《汽车知识》杂志的栏目分为三大板块,其中"新车速递"是"主打栏目、王牌栏目",选项B符合题意;选项A是杂志的名称;选项C、D是另两个板块的名称。

27. 正确答案是D。对话中男的说"有60%的读者是因为喜欢'你问我答'这个栏目而订购我们的杂志"。因此,选项D符合题意。

28. 正确答案是A。这段话是关于中国古代帝王服饰方面的知识,学术性名词较多,针对此类材料设置的问题大都不针对专业知识,测试重点在细节内容方面。根据这段话中的"我国第一个皇帝秦始皇……穿黑色袍服"可知,选项A符合题意。

29. 正确答案是D。根据这段话中的"到了唐高祖武德年间,百官百姓中开始禁穿黄色衣服,黄袍遂成为皇帝专用服装"可知,选项D符合题意。

30. 正确答案是B。根据这段话最后一句中的"四品、五品为红"可知,选项B符合题意。

31. 正确答案是B。这段话一开始就说"现在是信息爆炸时代……各式各样的信息铺天盖地地向现代人侵袭而来,令人目不暇接,猝不及防","铺天盖地""目不暇接"等成语都形容数量多,这也和我们印象中或感觉中信息时代的情况相吻合。因此,选项B符合题意。

32. 正确答案是D。说话人以吃太饱会造成胃部不适做比喻,说明信息量过大也会对人产生不良影响,这种影响就是"信息污染综合征"。因此,选项D符合题意。

33. 正确答案是D。信息污染综合征给人带来的不良影响主要有头昏脑涨、心悸恍惚、胸闷气短、精神抑郁或烦躁不安等症状表现,如何预防信息污染综合征是这段话的重点之一。这段话中提到"要想预防信息污染综合征,唯有提高识别、处理信息的能力,尽可能使繁杂的信息条理化、程序化","唯有"表示这是本题的关键所在,选项D符合题意;后面说的"生活有张有弛、大脑及时休整、适度的饮食营养和体育锻炼、规律而充足的睡眠"虽然也是很好的预防手段,但居于次要地位,并不是关键所在,可排除选项B、C;选项A这段话中没有提到。

34. 正确答案是D。这段话中提到"本来和孩子聊得好好的,大家都很开心,但有时孩子不经意的一句话就可能会使成年人感到不快","不快"是口语说法,在这里是心情不愉快的意思。因此,选项D符合题意。

35. 正确答案是B。关于孩子对成年人不满意的地方,这段话中提到"大多数孩子有时候也会抱怨成年人说的话让他们感到莫名其妙,他们不习惯成年人的表达方式","表达方式"是指说话方式。因此,选项B符合题意。

36. 正确答案是C。这段话中提到"成年人说话时不喜欢直接言明,而喜欢用'言外之意',或者'绕圈子',喜欢让别人来猜自己的想法",四个选项中只有选项C与这句话的意思最为接近。因此,选项C符合题意。

37. 正确答案是C。这段话中提到"很多人每天的时间被……排得满满当当,只有在夜深人静的时候……打上一局'排位赛'的游戏","满满当当"形容很满,这里是指工作安排很满,"夜深人静的时候"是指深夜,大部分人已经入睡的时候,这句话的意思是很多人白天工作很忙,事很多,没有时间玩儿游戏,只有在晚上睡觉前才有时间玩儿游戏。说话人也是很多人中的一员,从这段话中说话人表述的语气和态度可以看出,他是借用很多人的情况说明自己的情况。因此,选项C符合题意。

38. 正确答案是A。这段话中提到"游戏结束时,看着自己可怜的分数或段位,肯定会再次感叹一句:'这东西还真不比在职场拼杀轻松多少。'",这里把玩儿游戏与在职场拼杀做对比,众所周知,在职场拼杀很难,所以这里的意思是玩儿游戏也很难。因此,选项A符合题意。

39. 正确答案是C。本题是个综合分析题,要回答这个问题,首先需清楚知乎网站上的问题是什么:成为电子竞技职业选手和考上名牌大学哪个更难?这个问题本身其实已经间接地告诉我们,成为电子竞技职业选手和考上名牌大学的难度应该是相当的,如果没有可比性,一般不会把二者放在一起做比较。这段话后面又进一步解释"打好电子竞技并不容易,难度起码不亚于考上名牌大学"。因此,选项C符合题意。

40. 正确答案是D。本题问说话人对电子竞技的态度,既是态度判断类问题,又是归纳总结类问题。根据这段话提供的信息,有几个关键点:尽管工作劳累了一天,夜深人静的时候仍要打一局"排位赛",且作为一天中最享受的放松时刻来对待,足见说话人对电子竞技的喜爱程度;把成为电子竞技职业选手与考上名牌大学相提并论;对好友列表里"王者段位"的玩家非常崇敬,如同在学校里仰望学霸同学一样。由此种种可推断,说话人对电子竞技非常欣赏。因此,选项D符合题意。